서른에 읽는 재클린의 가르침

| 임하연 지음 |

다시 태어나고 싶은 당신을 위한 지적인 대화

블레어하우스

| 감사의 말 |

절망이 아니라
희망을 증명하기 위하여

서른이라는 나이는 단순한 숫자 이상의 의미를 갖습니다. 서른은 삶의 중요한 전환점이자 새로운 도전의 시작을 의미합니다. 20대 초중반의 불확실함을 잘 견뎌 온 만큼, 조금 더 자신에 대해 깊이 이해하는 나이입니다. 흔히 30대를 성숙함과 책임감이 더해지는 시기로 생각하죠. 지나온 시간을 돌아보며 새로운 방향을 정할 수 있는 기회가 되기도 합니다.

어쩌면 여러분과 나의 20대는 절망을 증명하는 시기였습니다. 스무 살을 넘기면서부터 우리 안의 우울과 불안, 무기력은 자기만의 방식으로 절망의 존재를 증명하려 했죠. 그들은 강하고 끈질겨서 우리를 죽음으로 내몰았는지도 몰라요. 그러나 수고하셨습니다. 여러분과 나는 살아남아 서른이 되었습니다. 그리고 서른은 희망을 증명하는 나이입니다.

서른에 읽는 재클린의 가르침

재클린은 누구일까요? 그녀는 미국의 저술가이자 출판 편집자였습니다. 미국의 35대 대통령 존 F. 케네디를 남편으로 두었기 때문에 재클린 케네디로 많이 알려져 있죠. 그녀는 서른한 살에 백악관에 들어가 역사상 가장 젊은 영부인이 되었습니다. 30대인 그녀의 '젊음'은 무한한 가능성을 상징했습니다.

동시에 재클린의 30대는 파란만장했습니다. 1963년 존 F. 케네디 대통령이 암살되는 순간을 직접 목격했을 때 그녀의 나이는 서른셋이었습니다. 그런데 이러한 고통과 비극을 겪었어도 재클린의 가르침에는 어설픈 위로나 뻔한 말들, 불필요한 독설이 없습니다. 재클린의 가르침의 본질은 과도하지 않음에서 옵니다. 절제된 태도와 다른 이를 존중하는 매너와 섬세한 배려심이 그녀의 지적 리더십을 우아하게 합니다.

서른, 왜 재클린의 가르침일까요? 20대를 돌아보면, 우리는 '수저계급론' 같은 사회적 기준이나 집안 배경 때문에 힘들 때가 많았죠. 흙수저와 금수저로 나누고 그걸로 사람의 가치를 판단하는 분위기가 있었습니다. 마치 내 능력이나 꿈이 아니라 태어난 집이 내 인생을 결정짓는 것처럼 느껴지게 했습니다. 그런 불공정한 현실 속에서 좌절을 느끼기 쉬웠던 시기였습니다. 그러나 재클린의 가르침은 우리에게 다른 길을 보여 줍니다. 그녀의 '상속자 정신'은 부를 물려받는 게 아니라, 사람은 태어난 배경이 아닌 스스로의 가치와 행동으로 정의될 수 있다는 것을 상징해요. 모든 사람은 평등하며 출신이나 배경에 얽매이지 않아도 되는 세상을 꿈꿀 수 있다는 겁니다. 20대의 절망을 우아한 희망으로 바꿀 수 있는 힘을 그녀는 우리에게 보여 주었습니다.

재클린의 가르침은 서로를 이해하고 연대하며 배려할 수 있는 힘을 길러야 한다고 말합니다. 가족애를 확장하고 서로를 구원하는 길이야말로 사회적 차이를 넘어 우리가 함께 해결할 수 있는 방법인 겁니다. 20대가 집안 배경에 갇혀서 고민하는 시기였다면, 30대는 그 경험을 바탕으로 성숙해지는 시기입니다. 이제는 자신을 금수저나 흙수저로 규정하지 않고, 더 큰 시각으로 세상을 보며 다른 사람들과 조화를 이루는 방법을 배워 가는 거죠. 재클린의 가르침은 우리가 그 성숙함을 통해 서로를 돕고 함께 성장해 나가는 방법을 일깨워 줍니다.

따라서 서른에 재클린의 가르침이 필요한 이유는 단순히 과거의 잘못된 사회적 틀을 극복하는 게 아니라, 새로운 성숙함으로 다시 태어나고 세상과 나 자신을 다시 정의할 수 있기 때문입니다. 그녀는 우리에게 다시 시작하는 법과 과거의 상처를 치유하고 새로운 희망을 찾는 법을 가르쳐 줍니다.

이 책을 쓰는 동안 도움을 주신 많은 분들께 감사드립니다. 소중한 인연들 덕분에 저는 재클린의 가르침을 더 깊이 이해하고, 그 의미를 서른의 시점에서 새롭게 해석할 수 있었습니다. 또한 이 책이 여러분의 삶에도 도움이 되기를 진심으로 바랍니다. 저는 여러분을 통해 희망을 증명해 낼 것입니다.

끝으로, 재클린에게 깊은 존경과 감사를 표합니다. 그녀의 유산은 우리 모두의 가슴 속에서 빛나며, 저는 그 빛을 따라 계속해서 나아갈 것입니다.

북쪽으로는 산을 등지고 남쪽으로는 강을 굽어보는 한 도
시에 상속자가 살았다. 그 상속자는 인간은 자신의 운명을
바꾸고 새로운 미래를 열 수 있다고 말했다. 이에 놀란 한 학
생은 어떻게 하면 운명을 바꿀 수 있는지 상속자를 찾아 물
어보기로 했다. 학생은 자신의 모습이 너무나 싫었는데, 이
를 바꾸는 것은 불가능해 보였기 때문이다.

학 생　너무 궁금했어요. 선생님은 진짜 인간이 운명을 바
　　　꿀 수 있다고 믿으세요?
상속자　네. 생각보다 운명을 바꾸는 건 쉽습니다. 인생도 그
　　　렇고요.
학 생　소설에나 나오는 얘기 아니고요? 그럼 저도 오늘부

터 새로운 운명으로 살 수 있나요?

상속자　당연하죠.

학　생　그럼 운명을 바꾸는 법을 알려 줄 수 있으세요?

상속자　어려울 것 없죠. 그 전에 당신이 여기까지 어떻게 오게 되었는지 먼저 들려주겠어요?

학　생　좋아요. 소문을 들었어요. 이 도시에는 아주 특이한 상속자가 살고 있는데, 상속을 받지 못한 상속자라고요. 제 말은, 재산이나 경영권 같은 거요. 그럼 그 사람이 상속받은 건 뭘까? 궁금해졌어요. 게다가 운명을 바꿀 수 있다고 하니 호기심이 머릿속을 떠나지 않았어요.

상속자　대환영입니다. 나도 운명을 바꾸는 비밀을 더 많은 사람에게 알려 주고 싶었거든요.

학　생　사실 전 운명은 바꿀 수 없다고 생각해요. 개인이 일해서 버는 노동소득보다 부모에게서 물려받는 자산의 중요성이 커지고 있잖아요. 선생님도 '수저계급론'이라고 들어 보셨죠? 부모의 부의 수준이 자녀의 삶을 결정짓는다는 이론이요. 씁쓸하지만 친구들은 다 그렇게 생각해요. 타고난 외모, 집안 환경, 유전자 같은 것들이 행복을 좌우한다고요. 노력해도 계층 상승이 어려우니까 다들 그렇게 받아들일 수밖에 없는 거죠. 물론 지금도 자수성가한 사람이 있긴 하겠죠. 근데요, 선생님. 요즘 사람들은 타고난 부를 부러워해요. 한마디로 금수저를 물고 태어난 사람들 말이에요. 아, 정말 우울해요. 아마 어른들은 우리가 사회를 부정적으로만 바라본다고 하겠죠. 하지만 이게 현실인걸요. 오죽하면 사회에서 성공하는 데 가장 중요한 요인으로 '집안 배경'이 뽑혔겠어요?

상속자　솔직하게 말해 줘서 고마워요.

학　생　이게 다가 아니에요. 양극화가 날이 갈수록 심해지고 있잖아요. 우린 태어나면서 이미 계급이 정해지는 사회에서 살고 있어요. 인생이 한 방에 결정 나는 거예요. 결국 부모가 가장 큰 스펙이자 재능인 거죠.

상속자　그렇군요. 맞는 말입니다.

학　생　토마스 피케티^{Thomas Piketty}[1]는 '세습자본주의'라는 개념을 들고나와 세계적인 돌풍을 일으켰어요. 『21세기 자본』에서 피케티는 노동을 통해 얻는 소득보

---

1 프랑스의 경제학자. 그의 저서 『21세기 자본』은 하버드 대학교 출판부의 101년 역사상 한 해 동안 가장 많이 팔린 책이다. 세습자본주의(patrimonial capitalism)는 당대에 스스로 노력해서 일군 부에 비해 선대로부터 물려받은 부(inherited wealth)가 훨씬 더 큰 비중을 차지하는 체제다.

다 과거에 축적된 부와 거기에서 얻는 소득이 더 중요해지고 있다고도 했죠. 그러니까 이런 불평등은 비단 우리나라만의 문제가 아닌 거예요. 세계적인 문제라고요. 수저계급론은 세습자본주의의 국내 버전이라고 할 수 있어요. 영어의 '은수저를 물고 태어나다Born with a silver spoon'[2]라는 표현에서 온 거니까요. 이런데 운명을 바꿀 수 있다고요?

상속자 네, 몇 번을 물어도 내 대답은 같아요. 운명도, 인생도, 원하는 대로 바꿀 수 있다고요.

학 생 대체 어떻게요? 누가 봐도 운명을 바꾸기 힘든 현실이잖아요.

상속자 그건 운명의 불변성 때문이 아닙니다. 당신이 운명을 바꿀 수 없다고 '생각'하기 때문이죠.

학 생 제가 그렇게 생각해서라고요?

상속자 인간은 누구나 자신만의 생각에 갇혀 살죠. 하지만 그건 객관적인 현실이 아니에요. 당신과 나는 다른 생각을 하고 있을 뿐이에요. 그러니까 서로의 현실도 다른 거죠.

---

2 과거에는 유럽 귀족층만 은식기를 사용했기 때문에, 운 좋게도 부유한 대부모(god parents)를 둔 아기는 세례식 선물로 은수저를 받던 풍습에서 유래된 말이다.

학 생   하지만 운명이란 건 인간을 지배하는 초인적인 힘이
         잖아요. 아무리 생각을 바꾼다 해도 인생 전체를 송
         두리째 바꾸는 건 어려울 것 같은데요.

상속자   혹시 날씨 좋은 날 다리 위에서 강물을 내려다본 적
         있어요?

학 생   갑자기요? 음, 당연히 있죠. 며칠 전에도 지나가다가
         봤는걸요. 워낙 잔잔해서 꼭 멈춘 것만 같았어요. 오
         랜 세월 동안 거기에 머물러 온 것처럼요.

상속자   그렇게 보여도 사실 강물은 쉼 없이 흐르고 있어요.
         하지만 멀리서 보면 멈춰 있는 것처럼 보여요. 가까
         이서 보면 계속 흐르고 있는데 말이죠. 어떻게 보느
         냐에 따라 강물은 멈춰 있으면서도 동시에 흐르기도
         하는 겁니다.

학 생   그러니까, 내 시선에 따라 착각하게 된다는 말이에
         요?

상속자   아뇨, 착각이 아니에요. 좀 더 설명이 필요하겠네요.
         당신이 강물이 흐르거나 멈췄다고 생각하는 게 바
         로 '현실'이에요. 강물이 흐른다고 생각하면 흐르는
         게 당신의 현실이 될 테고, 멈춰 있다고 생각하면 멈
         춘 게 현실이 되는 거죠. 젊은 사람들에게 '현실적으

로 생각하라'는 충고가 위험한 게 바로 이 때문이에요. 유연한 청년들이 '현실적'이라는 프레임에 갇혀 변화의 가능성과 잠재력을 잃게 되거든요. 정리하자면, 문제는 당신이 남들이 만든 현실에 갇히지 않고 어떤 삶을 창조하느냐인 겁니다.

학 생 어떤 삶을 창조하느냐?

상속자 네. 당신은 '불변'의 렌즈로 운명을 보고 있어요. 그런 상태에서는 미래도 불변하니 암울할 수밖에 없겠죠. 물론 지금까지 살면서 굳어진 고정관념과 인식을 바꾸는 게 쉽지는 않을 겁니다. 그런데도 당신이 불변의 렌즈를 벗을 수 있을까요? '변화'의 렌즈로 운명을 바라볼 수 있을까요? 게다가 '상속'을 새롭게 바라볼 수 있을까요?

학 생 상속이요?

상속자 그래요. 상속을 보는 렌즈를 바꾸는 거죠.

학 생 음, 좋아요. 질문할 게 많은데 나중에 하기로 하고요. '삶을 창조할 수 있다'라고 하셨죠? 제가 삶을 창조하면 운명도 바뀐다고요.

상속자 물론이죠. 인간은 삶을 창조할 수 있어요. 새로운 미래도 열 수 있고.

학 생 저처럼 평범한 사람도 할 수 있나요?

상속자 평범한 건 중요하지 않아요. 누구나 할 수 있어요.

학 생 평범함에서 벗어날 수 있다니, 듣기만 해도 두근거려요!

상속자 지금 여기에서 출발해야 합니다. 당신은 여전히 운명은 바꿀 수 없다고 생각해요?

학 생 글쎄요, 잘 믿어지진 않아요. 제가 운명 때문에 괴로워하고 있으니까요.

상속자 하지만 바뀌기를 간절히 바라고 있죠?

학 생 당연하죠. 선생님을 만나기까지 엄청나게 망설였는데, 그런데도 여기까지 왔잖아요. 바꿀 수만 있다면 인생을 다시 시작하고 싶어요. 아, 저도 모르게 진심이 튀어나와 버렸네요.

상속자 괜찮아요. 나 역시 학생 때 불평등한 사회구조에 불만이 많아서 문제의식을 느끼고 엄청 파고들었으니까요. 나 혼자만 그런 게 아닐까 싶어서 조용히 있었던 것뿐입니다.

학 생 전 불평등을 부수고 싶어요. 한계를 없애고 싶어요.

상속자 나는 미국역사학을 공부하고 '대중적인 인문학'을 접하고 난 뒤에 계속 그 내용을 세상에 알리고 싶다고 생각해 왔어요. 이 열망을 함께 나눌 수 있는 이가 찾아와 주기를 오랫동안 기다려 왔습니다.

학 생   대중적인 인문학이요? 그게 뭔데요?

상속자   모든 것은 한 여성으로부터 시작되었어요. 일단 '그녀'를 만나면…… 지금까지와는 완전히 다른 세계가 눈앞에 펼쳐질 겁니다.

| 차례 |

첫 번째 만남 서른, 수저계급론을 부정하라

첫 번째 만남

서른, 수저계급론을 부정하라

학생은 어딘가 불안한 듯 양팔을 감싸안았다. 상속자의 이야기에 원인 모를 거부감을 느꼈기 때문이다. 학생은 세상 속에서 자신을 지키는 일이 너무나 힘들었다. 자기 자신이 누군지도 모르고 살아왔다. 그래서일까? 늘 스스로에 대한 확신이 부족했다. 남의 눈치를 보느라 허둥대기 일쑤고, 작은 일에도 예민하게 반응했다. 아직 학생에게는 상속자의 이야기가 뜬구름을 잡는 것처럼 느껴졌다. 게다가 '그녀'는 또 누구란 말인가?

베일에 싸인 '사회학을 구원한 히로인'

학 생   좀 전에 '대중적인 인문학'이라고 하셨잖아요. 선생님의 전공은 미국역사학이라고 하지 않았어요?

상속자   맞아요. 나는 10대 때부터 쭉 미국 근현대사와 함께했죠. 미국 35대 대통령 존 F. 케네디의 영부인 재클린 케네디Jacqueline Kennedy가 역사에 남긴 궤적을 따라가다 보니 자연스레 그 시대를 알고 싶었습니다.

학 생   선생님께서 말씀하신 '그녀'는 재클린이네요! 그러면 '대중적인 인문학'이란 뭔가요?

25

상속자　이제껏 재클린은 남편 케네디의 명성에 가려진 측면
　　　이 있었어요. 나는 그녀를 독립적인 존재로 오롯이
　　　소개하고 싶었죠. 그래서 전례 없는 새로운 사회학
　　　을 창시했고, 이를 '재클린 사회학'이라 부르기로 했
　　　어요.

학 생　허, 놀라운데요. 선생님이 창시자란 말씀이에요? 이
　　　거, 학문으로 인정받은 건가요?

상속자　분명히 말하지만 학문은 아니에요. 재클린은 사회학
　　　자도 아니고 연구나 논문을 발표한 적도 없기 때문
　　　이죠. 나는 그저 세상을 바라보는 틀, 즉 세계관을 제
　　　시하고 싶었을 뿐이죠. 사회학이 그 틀로는 매우 적
　　　합했어요.

학 생　의외인데요? 미국역사학에서 출발했잖아요. 왜 꼭
　　　사회학이란 틀이죠?

상속자　재클린의 사상이 과거에만 머무르기에는 우리 사회
　　　에 할 말이 있어 보였어요. 그것도 너무나 많이. 비록
　　　살아생전에 특정 이론을 정립하거나 주장을 하지는
　　　않았지만, 많은 사람들이 보고 들은 바를 기록으로
　　　남겨 두었죠. 나는 제자가 된 심정으로 이를 정리했
　　　습니다.

학 생 　앗, 잠시만요! 혹시 선생님이 상속자라는 것도 그 이
유인가요?

상속자 　그렇죠. 재클린 사상의 계승자라는 측면에서 상속자
입니다. 재산과 경영권의 상속이 아니어도 상관없죠.
역사적 유산과 무형의 가치를 물려받았거든요. 이렇
듯 재클린 사회학은 많은 이들을 이롭게 하기 때문에
엄청난 대중적 인기를 누렸어요. 재클린이 세상을 떠
난 지금까지도 많은 이들이 그녀를 그리워하는 것을
보면 그만큼 그녀의 사상이 선구적이라 할 수 있죠.
그래서 나는 감히 그녀에게 '사회학을 구원한 히로
인heroine' 이라는 수식어를 붙였습니다.

학 생 　사회학을 구원한 히로인이요? 확실히 흥미로운 명
칭인데요.

상속자 　사회학은 사회가 개인에게 그리고 개인이 사회에게
어떤 영향을 미치는지 연구하는 학문이죠. 필연적으
로 계급과 같은 사회계층, 사회이동성의 깊은 관심을
끌게 돼요. 이러한 이유로 사회학은 대중을 지배하고
조종하기 위한 도구로 악용되는 경우가 잦았어요.

학 생 　그런 도구라면 일부러 대중을 분열시킬 수도 있겠네
요.

상속자 도리어 재클린은 케네디가 총탄에 맞아 비운의 운명
을 맞이했을 때 사람들을 하나가 되게 했어요. 자신
도 암살당할 가능성이 있다는 경고에도 운구자 행렬
에서 앞장섰고, 각국의 지도자들과 나란히 함께 걸
었죠. 전 세계인이 케네디 대통령의 국장을 실시간
으로 지켜보았어요. 아마 이때부터 그녀의 사상은
학문에서 탈피하여 시대정신Zeitgeist[1]이 되었다고 보
는 편이 맞을 수도 있겠네요. 모두를 하나 되게 만들
었다는 점에서요. 다시 말해 재클린 사회학은 고루
한 학문이 아니라 인간 연대와 구원의 도달점이
라고 할 수 있습니다.

학 생 그러니까 그 사상을 이 한국 땅에서 다시 불러일으
키겠다는 거죠?

상속자 네. 지금 여기, 이 순간부터요.

학 생 질문이 있어요. 그런데 왜 꼭 선생님이어야만 하죠?
재클린이 그토록 유명했다면서요.

상속자 유명했지만 그녀의 실체를 아는 사람은 아무도 없었

---

1 독일의 철학자 헤겔에 의해 유명해진 개념이다. 헤겔은 어느 시대나 그 시대를 관통하는
절대적인 정신이 있다고 보고, 이를 시대정신(Zeitgest, 차이트가이스트. 영어: spirit of the
age, spirit of the time)이라 불렸으며, 그 시대정신은 한 시대가 끝날 때에만 알 수 있다고
말했다.

기 때문이죠. 살아 있는 신화가 되어 버린 그녀의 가르침을 아무도 진지하게 들으려 하지 않았어요. 세기의 아이콘으로 불렸지만, 사람들은 열심히 부스러기만 주워 먹은 거죠. 재클린의 신비로운 미소, 스타일, 패션, 이미지를 소비하면서요. 거기에 안타까움을 느꼈습니다.

학 생 핵심에 들어가지 못해서요?

상속자 그런 셈이죠.

학 생 좋아요, 저는 부스러기를 원하지 않아서요! 바로 핵심으로 들어가죠.

수저계급론이란 존재하지 않는다

학 생 처음에 나눈 대화로 돌아가 볼까요? 선생님은 '삶을 창조할 수 있다'라고 하셨어요. 누구나 새로운 미래를 열 수 있다고요.

상속자 맞아요. 예외는 없습니다.

학 생 좋아요. 그럼 미래에 관해서는 나중에 다시 질문하기로 하고요. 선생님이 말씀하신 '창조'에 관해 이야기해 보고 싶어요. 인간은 누구나 원하는 대로 살기를 바라죠. 저를 포함해서 예외는 없을 거라고 생각해요. 사람들은 왜 삶을 창조하고 싶어 할까요? 바로 창조할 수 없기 때문이에요. 삶을 창조하는 게 간단하다면 굳이 그걸 바라지도 않겠죠. 전 창조는 신의 영역이라고 생각해요. 간혹 예술가들이 신의 창조를 모방하는 경우도 있지만요. 그러니까, 삶을 창조하라는 말은 결국 신이 되라는 오만한 조언 아닐까요?

상속자   음, 그러면 이렇게 물어볼까요? 당신은 왜 삶을 창조할 수 없다고 그토록 강하게 부정하죠?

학 생   그러니까, 이런 거예요. 학교 선배 중에 이름만 대면 알 만한 유명한 재벌가 딸이 있거든요. 그런데 늘 자기는 행복하지 않다고 말해요. 항상 얼굴이 어둡고 우울해 보이고요. 회사에서는 초고속 승진을 하고 최연소 임원 타이틀을 달아서 모두가 부러워하는데도 말이에요. 왜 그럴지 생각해 봤는데, 그 선배는 부모님의 뜻대로 살고 있더라고요. 조기 유학도, 전공도, 결혼도 모두 부모님이 결정했대요. 외국에서 그나마 자유를 좀 누리나 했는데 아버지의 명령으로 바로 귀국했죠.

상속자　당신은 왜 그 선배가 원하는 대로 살지 못한다고 생각해요?

학　생　저도 자세한 사정은 모르죠. 경영권이나 재산 분배, 유산 상속 같은 복잡한 문제가 얽혀 있을지 누가 알겠어요? 어쩌면 부모님 말을 너무 잘 듣는 착한 딸이어서 그럴 수도 있고요. 자세한 집안 사정까지는 알 수 없으니까요.

상속자　어쨌든 그렇게 집안 배경이 좋은 사람조차도 원하는 대로 삶을 창조하지 못한다는 말을 하고 싶은 거죠?

학　생　맞아요.

상속자　그러니까 집안 배경이 원인이 되고, 삶의 창조는 결과로 따라온다는 거네요.

학　생　그런 셈이죠. 현대사회에서 삶을 창조하는 힘은 집안 배경에 있으니까요. 힘이 있는 부모님이 계시면 든든하잖아요. 아까 말했듯이, 부모님의 사회적 지위와 경제력에 따라 출발선이 달라지니까요. 가난한 집에서 태어나더라도 열심히 노력하면 잘살 수 있다는 희망은 점차 사라지고 있어요. 어렵게 취업한다 해도 좋은 자리는 아니고요. 결국 미래는 부모의 재력으로 결정되는 것 같아요. 더군다나 집안 배경이 그렇게 좋은 선배조차도 마음대로 살지 못하잖아요. 그러니 저는 어떻겠어요? 제 말이 틀렸나요?

상속자 　아닙니다, 충분히 그렇게 생각할 수 있어요. 순간 떠오르는 속담이 있어요. 개천에서 용 나던 시대는 지났다는 거잖아요?

학 생 　네, 그 속담은 이제 완전 옛날이야기죠. 이전 세대는 열심히 공부해서 좋은 대학에 진학하면 출세할 수 있었잖아요. 그래서 많은 부모들이 자식을 교육하려고 희생하고, 교육열이 대단했죠. 그런데 지금은요? 일부 특권층 자녀들이 대학도 더 잘 가요. 기회가 더 많거든요.

상속자 　당신 말대로라면, 금수저를 물고 태어나야만 행복할 수 있겠네요. 그렇게 이해해도 되겠어요?

학 생 　음, 행복까지는 몰라도 삶을 창조하는 건 가능하겠죠. 좀 전에 말한 선배를 보니 꼭 그렇지도 않은 것 같지만요. 전 부모님이 부자면 세상살이가 편할 거라고 생각했거든요.

상속자 　그럼 생각을 바꿔 보는 건 어때요? 삶을 창조하는 근원이 '집안 배경'이 아니라 '자기 자신'에게 있다고 말입니다.

학 생   자기 자신요?

상속자   네. 삶을 창조하는 에너지를 외부에서 찾을 게 아니라 내부에서 찾는 겁니다. 삶을 창조한다는 건 결국 '새로운 나'로 산다는 사는 거죠. 그러려면 지금 가진 생각을 버려야 합니다. 스스로 자신의 능력은 어디까지라고 선을 긋는다면 결국 당신의 삶도 거기까지인 거예요. 더 많은 가능성은 사라지는 거죠. 그런데 그 한계를 깨버리면 어떻게 될까요? 무한한 가능성이 생기면서 창조의 에너지가 자신에게서 나오죠.

학 생   글쎄요, 저는 스스로 '난 이것밖에 안 돼. 내 능력은 겨우 이 정도인 거야'라고 생각하지는 않아요. 오히려 사회가 제 한계를 규정하는 것 같아요. 저라고 제 삶의 주인공처럼 살고 싶지 않겠어요? 새로운 정체성을 가진다는 건 이미 계층이 공고해진 사회에서 쉽지 않은 일이에요.

상속자   지금까지 해준 이야기 잘 들었어요. 이제 재클린 사회학의 관점에서 설명해 줄게요. 재클린 사회학은 수저계급론을 부정합니다.

학 생   수저계급론을 부정한다고요?

상속자 수저계급론을 인정하지 않는 겁니다. 도리어 존재하
    지 않는다고 생각하는 거예요. 수저계급론이 없다고
    믿는 거죠.

학 생 그게 무슨 말씀이세요? 수저계급론은 우리 사회에
    서 청년들을 고통스럽게 하는 현실이라고요! 이해가
    잘 안 돼요.

상대적 박탈감에서 벗어나려면

상속자 재클린의 어린 시절을 보면 그녀의 집이 얼마나 부
    유했는지 쉽게 짐작할 수 있어요. 재클린은 갓난아
    기 적부터 유모들에게 둘러싸여 지냈고, 프랑스어와
    승마 같은 상류층 교육을 받으며 자랐습니다. 두 살
    배기 때 열린 생일 파티에 대한 기사가 신문에 실렸
    을 정도죠.

학 생 소위 부잣집에서 태어났군요?

상속자 그래요. 그러나 오래 지나지 않아 가세가 기울기 시
    작했고, 설상가상으로 어머니와 아버지가 헤어졌습
    니다. 두 사람의 이혼 소식은 언론에 떠들썩하게 공

개되었죠. 엄청난 충격에 빠진 재클린은 현실을 부정하고 상상의 세계로 빠져들었어요. 그녀는 스스로를 공주라 믿었고, 실제로 그렇게 행동하려고 노력했습니다.

학 생 그게 수저계급론을 부정하는 것과 무슨 상관이에요?

상속자 조금만 더 얘기할게요. 재클린의 처지는 매우 달라졌지만 그렇다고 환경이 바뀌지는 않았어요. 완전히 가난해진 것은 아니었으니까요. 겉보기에는 현상 유지를 하는 듯했습니다. 원래 살던 동네를 떠나지도 않았죠. 다니던 학교와 승마장도 그대로 다녔어요. 여기서 무엇이 달라졌을까요?

학 생 음……. 재클린을 바라보는 사람들의 시선이 달라졌을 것 같아요. 그 세계를 완전히 떠난 게 아니라면, 원래 알던 사람들과 매일 부딪히며 살아야 하는 거잖아요?

상속자 그렇죠. 재클린을 가족처럼 따뜻하게 대했던 사람들은 점점 생활수준이 차이 나는 재클린을 냉대하기 시작했어요.

학 생 재클린 주변에는 부유한 친구들이 많았을 것 같은

데, 상대적 박탈감에 시달리진 않았어요?

상속자   정확해요. 재클린의 친구들은 대부분 대대로 부자인 집안에서 태어나 자랐어요. 함께 어울리던 승마 클럽 회원들은 재클린의 형편이 안 좋아지자 점점 멀리했고, 학교에서는 아버지의 행실을 문제 삼아 흉을 보았습니다. 결손 가정의 아이라며 따돌림을 당하기도 했어요. 계층구조가 엄격한 미국 사회에서 재클린이 의지할 집안 배경은 너무나 미약했습니다.

학 생   하지만 제 생각에는 아무리 재클린의 형편이 안 좋아졌다고 해도, 일반인의 시선으로는 여전히 상류층으로 보였을 것 같아요. 결국 어디까지나 상대적인 것 아닐까요?

상속자   그게 핵심입니다. 상대적인 것!

학 생   아하, 상대적 박탈감은 절대적 기준이 아니라는 이야기네요? 자신보다 높은 계층이나 상위 집단의 평균치와 자신의 처지를 비교하며 느끼는 감정이니까요.

상속자   그렇죠. 재클린이 '그녀 시대의 수저계급론'을 부정했던 이유가 바로 그겁니다. 재클린 또한 특정 집단 내에서 자신의 사회적 지위가 상대적으로 떨어진다고 느꼈을 때 아픔을 겪었습니다.

학 생   요즘처럼 상대적 박탈감을 호소하는 사람들이 많았던 적이 없는 것 같아요. 박탈감剝奪感은 재물이나 권리, 자격 따위를 빼앗겼다는 느낌이나 기분을 뜻한다고 어디선가 읽은 적이 있어요. 재미있는 건 실제로 자신이 가지고 있는 뭔가를 빼앗긴 상황이 아니라는 거죠. 상대적 박탈감은 오로지 타인과 비교할 때만 나타나요. 그래서 실제로 잃은 것은 없지만, 더 많이 가진 상대를 보면서 무엇인가 잃은 듯한 기분을 느끼는 거죠.

상속자   그 얘길 들으니 최근에 본 신문 기사가 하나 떠오릅니다. 부의 사다리가 실제로 끊어졌는지 수십 년 동안 많은 가족들을 관찰한 데이터였습니다.

학 생   와, 흥미로운데요. 그래서 시간이 갈수록 개천에서 용 나기 어려운 상황이란 게 수치로 나타났나요?

상속자   네, 그렇습니다. 그런데 눈에 띄는 부분이 하나 있어요. 유년 시절 집안 형편에 대한 주관적 인식이 사회적 성과에 영향을 미쳤다는 점입니다. 이게 무슨 뜻이냐면 예상과는 달리 중간 계층 60%는 부모의 소득차가 성인이 된 자녀의 삶에 크게 영향을 끼치지 않았어요. 결정적 차이는 '어린 시절 집안 형편을 어떻게 느꼈느냐'에 따라서 드러났죠. 예를 들어 '우리 집은 평균보다 훨씬 가난했어'라고 생각한 사람들이 '우리 집 형편은 그냥 보통이었지', '우리 집 형편이 그렇게 나쁘진 않았어'라고 생각한 사람들보다 성과를 더 못 냈다는 겁니다.

학 생   와, 진짜요? 그건 놀랍네요. 수저계급론을 부정하라, 존재하지 않는다고 생각하라는 것도 사실 같은 선상인 거죠? 객관적 형편보다 주관적 인식일 수 있으니까요. 선생님 말을 들어 보니 '우리 집은 가난하다'라는 주관적 인식이 장래에 대한 희망을 미리 체념하게 만든 건 아닌가 싶어요.

상속자   나도 그렇게 생각해요. 상대적 박탈감을 덜 느끼기만 했어도 미래 상황이 좀 낫지 않았을까? 혹은, 그럴 여지가 있지 않았을까? 의미심장하게 들리겠지만, 당신이 방금 말한 것처럼 상대적 박탈감은 '감정'이지 실제로 빼앗긴 게 아닙니다.

학 생   실제로 빼앗긴 게 없는데도 이렇게 고통스럽다면 해결책은 뭐가 있을까요? 불공평한 사회구조 때문에 만들어지는 상대적 박탈감은 청년층의 극단적 선택에도 영향을 미친대요. 이런 정신적 위기를 겪으면

자연스럽게 미래에 대해 부정적인 생각이 들지 않을
까요?

상속자　맞습니다. 재클린도 우리와 비슷한 아픔을 겪었어
　　　요. 그래서 지금까지도 그녀의 유산을 많은 사람이
　　　받들고 따르는 겁니다.

학　생　그렇다면 선생님, 재클린에게는 답이 있는 거예요?
　　　어떻게 하면 상대적 박탈감에서 벗어나서 새로운 미
　　　래를 열 수 있을까요?

상속자　답은…… 상속자 정신Heirism입니다.

상속자 정신이란 무엇인가

학　생　상속자 정신이요?

상속자　상속받음을 아는 것, 단어 그대롭니다.

학　생　무슨 뜻인지 잘 모르겠어요.

상속자　자, 이렇게 생각해 봐요. 당신 앞에는 유구한 역사가
　　　펼쳐져 있습니다. 누구도 무에서 유를 창조할 수는
　　　없죠. 모든 문명은 앞선 사회로부터 유산을 상속받
　　　고 그걸 기반 삼아 발전해 왔다고 할 수 있어요. 그것

이 바로 상속자 정신, 미래를 여는 힘입니다. 이 상속자 정신은 우리로 하여금 더 많은 것을 창조할 수 있도록 해줍니다.

학 생　흠, 알 듯 말 듯해요. 조금만 더 쉽게 설명해 주실 수 있어요?

상속자　쉽게 풀어볼게요. 그럼 먼저 '상속' 하면 무엇이 떠올라요?

학 생　네, 좋아요. 음…… '상속'이라고 하면 저와는 상관없는 이야기 같고, 낯설게 느껴지기도 하는데요. 이런 제 개인적인 감상을 떠나서 이야기해 보자면 상속받는 재산이야말로 계층 간 이동이 어려워진 원인이 아닐까 생각해요. 신문에서 본 데이터 하나가 떠올랐는데요. 웰스—X에서 세계의 부호를 분석한 자료였어요. 국내 재벌 중 66.7%의 부의 원천은 상속 재산이었고요, 나머지만이 자수성가를 통해 부를 이뤘다고 하더라고요. 반면 세계 평균은 달라요. 상속재벌이 약 40%, 자수성가 재벌이 60%에 달했어요. 말하자면 우리나라는 상속자들의 나라인 셈이죠.

상속자　평상시에 '상속'에 대해 갖고 있던 인상이나 느낌은 어땠어요?

학 생   하하, 글쎄요. 왠지 부정적인 뉴스들만 떠오르는데
       요?

상속자 부정적이라도 괜찮아요. 그래도 들어 보고 싶어요.

학 생   언론에서 접한 상속은 온갖 편법의 온상이었던 것
       같아요. 상속세를 피하려고 자녀에게 재산이나 회사
       를 증여하는 얘기가 자주 나오잖아요.

상속자 그렇게 긍정적인 감정을 느끼지는 못했군요.

학 생   맞아요, 좋은 인상은 아니었어요. 확실히 상속은 부
       의 대물림을 고착화한다고 생각해요. 아무리 노력해
       도 성공할 수 없다는 비관적 인식을 사람들에게 심
       어 주죠. 부모로부터 큰 재산을 물려받는 건 극소수
       만 누릴 수 있는 행운이잖아요.

상속자 그러나 '상속자 정신'은 부모로부터만 오는 상속
       을 의미하지는 않습니다. 오히려 부모를 뛰어넘어
       사회로부터 받는 더 넓고 큰 상속을 뜻하죠. 상대적
       박탈감에서 벗어나려면 어떻게 해야 하는지 물어봤
       죠? 답은 상속자 정신입니다. 상속자 정신은 무언가
       를 빼앗긴 기분에서 벗어나 새로운 길로 우리를 인
       도하거든요.

학 생   궁금해요. 그럼 이미 많은 것을 상속받았다는 건 어

떻게 알 수 있어요?

상속자　자, 그대가 유구한 역사의 후계자임을 알았다고 상
상해 봐요. 그리고 다시 자기 자신에 대해 생각해 보
는 거죠. 어떤 기분이 들까요?

학　생　와, 상상만 해도 너무 짜릿한데요? 저 지금 입꼬리가
안 내려가요. 처음에는 꿈에도 몰랐던 출생의 비밀
에 깜짝 놀랄 거고, 갑자기 신분이 상승한 것 같아서
신날 것 같아요. 새로운 인생이 시작되는 느낌이고
요. 빼앗긴 기분이 아니라, 이미 모든 걸 가진 기분이
들어요!

상속자　바로 그거예요. 고대 그리스 델포이의 아폴로 신전에
는 '너 자신을 알라' 라는 글귀가 새겨져 있었다고 해
요. 상속자 정신은 진정한 자기 자신을 아는 것이죠.

학　생　그럼 저도 후계자란 말인가요?

상속자　네. 재클린이 남긴 상속자 정신은 재클린의 자녀들
에게만 대물림된 게 아닙니다. 대표적으로 힐러리
클린턴이 있죠. 그녀는 자신의 자서전에서 재클린
이 남긴 귀중한 유산에 대해 언급한 적이 있어요. 힐
러리는 철이 들 무렵부터 재클린을 무척 존경했습니
다. 재클린은 1960년대에 백악관에 들어갔고, 힐러

리는 1990년대에 그 뒤를 이었으니 사실 두 사람은
선후배 사이나 다름없죠.

학 생 재클린과 힐러리가 서로 만난 적이 있나요?

상속자 물론이에요. 두 사람의 친분을 모르는 사람이 많습
니다. 둘은 뉴욕에 위치한 재클린의 아파트에서 자
주 만났고, 그때마다 힐러리는 재클린의 상속자 정
신이 무엇인지 곁에서 지켜볼 수 있었어요.

학 생 무엇을 곁에서 지켜보았을까요?

상속자 힐러리가 재클린의 별장에 초대받았을 때 있었던 일
입니다. 그날은 날씨가 맑고 화창해서 모두 요트를
타고 바다로 나가 작은 섬 근처에서 수영을 즐겼어
요. 수면에서 10미터는 되는 상갑판에서 신나게 다
이빙하던 사람들은 힐러리에게도 뛰어내리라고 했
죠. 하지만 힐러리는 그러고 싶지 않았습니다. 사람
들은 깔깔 웃으면서 "그래, 한번 해 봐!", "어서 해 봐
요!"라며 재촉했습니다. 그 말을 들은 힐러리는 자
기도 모르게 상갑판으로 향하는 좁은 사다리를 올랐
어요.

학 생 벌써 후회하는 목소리가 들리는 듯하네요.

상속자 힐러리는 "그때 내가 좋다고 말한 이유를 아직까지

도 모르겠다"라고 했어요.

학 생   그러게요. 저라면 '내가 어쩌다 말려들었지?'라고 생
각할 거예요.

상속자   마침내 힐러리가 억지로 끌려 나온 듯한 표정으로
다이빙대에 올라서자, 사람들은 "뛰어내려요! 어
서!" 하면서 소리를 질렀죠. 바로 그때 더 크게 외치
는 재클린의 목소리가 들렸어요. "하지 마, 힐러리!
당신은 뛰어내리길 원하지 않아. 그러니 이 사람들
이 무슨 말을 해도 듣지 마!"

학 생   와, 힐러리의 갈등하는 마음을 읽고 재클린이 구하
러 왔네요.

상속자   정신이 번쩍 든 힐러리는 "당신 말이 맞아요!"라고
대답한 후 최대한 천천히 위엄 있게 사다리를 내려
갔어요.

학 생   그럼 그녀는 수영하지 않고 벤치에 앉아 있었나요?

상속자   아니요. 자신이 원하는 방식대로 다이빙 없이 물속
으로 들어가 재클린과 유유자적하게 헤엄쳤어요.

  학생은 상속자와의 대화를 곱씹으며 잠시 걸었다. 사실 학
생에게도 힐러리와 비슷한 경험이 있었다. 정말 싫은데도

차마 싫다고 말하지 못했던 기억이었다. 내면의 목소리보다 남들의 시선을 더 의식해서 그랬을까? 그 순간, 상속자가 학생에게 뛰어내릴 필요 없다고 소리치는 듯했다. 부드럽지만 단호하게 거절하라고. 거절해도 괜찮다고. 이게 바로 상속자 정신일까? 좋아. 학생은 질문할 준비를 마쳤다.

상속자 정신의 '비밀'

학 생   요즘 청년들에게는 '건국 이래 부모보다 못사는 첫 세대'라는 꼬리표가 붙어요. 부모보다 더 배웠지만 부모보다 잘살기 힘들기 때문이죠. 그런데 선생님 이야기를 들을수록 정말 놀라워요. 상속자 정신은 부모로부터 오는 상속만을 의미하지 않는다면서요. 오히려 부모를 뛰어넘기도 하는, 더 넓고 큰 의미의 상속이라니! 선생님, 말씀해 주세요. 도대체 상속자 정신에 담긴 상속이란 무엇인가요?

상속자   단순하게 말하자면, '인생의 자율권 승계'입니다.

학 생   인생의 자율권 승계요?

상속자   그렇죠.

학 생   흐음, 제가 들어 본 건 경영권 승계밖에 없는데요.

상속자   그런가요?

학 생   네. 경영권 승계는 재벌 관련 소식에 단골 소재로 등장하죠. 대단한 집안 자제들이야 선대에서 이루어 놓은 기업이 있으니 고스란히 경영권 승계를 하는 거죠. 그래서 일찍부터 경영 수업이라는 걸 듣잖아요. 그 경영 수업이란 게 과연 뭘까 궁금해서 찾아봤거든요. 그랬더니 해외에서 대학을 졸업하고, 그룹에 어린 나이에 입사해서 경력을 쌓고, 잠깐 있다가 다시 외국으로 나가 MBA 학위를 따서 임원으로 복귀하는 게 일반적인 루트더라고요. 그런데 '인생의 자율권 승계'라……. 그건 뭐죠? 너무 억지 아닌가요?

상속자   좋습니다. 그러나 나의 승계는 평범한 집안 자녀들을 위한 승계입니다.

학 생   저 같은 평범한 집안 자녀들을 위한 승계가 인생의 자율권 승계라는 말씀이시죠! 와, 또 한 방 먹었군요. 선생님은 꼭 혁명가 같아요.

상속자   혁명가라니, 매혹적인 단어네요.

학 생   선생님은 어떤 계기로 이런 매혹적인 혁명가가 되셨습니까?

상속자   내가 많은 부를 상속받아 상속자가 된 것이 아님을 알고 있죠? 어느 날인가 신문에서 읽은 한 구절에 온통 마음을 빼앗겼습니다. 역사학자 마이클 베슐로스 Michael Beschloss가 쓴《워싱턴 포스트》기사였죠. 재클린에 대한 다섯 가지 오해가 있는데, 그 중 첫 번째는 그녀가 상속녀로 자랐다는 세간의 인식이 사실이 아니라는 거였습니다. 실제로 그녀는 상속녀와는 거리가 먼 삶을 살았죠.

학 생   상속녀는 이미지에 불과했다는 거네요?

상속자   네. 그때까지만 해도 나는 재클린이 모든 걸 갖고 태어난 사람인 줄 알았어요. 그야말로 다 가진 사람이라고요. 아름다운 것들에 둘러싸여 태어나고, 아름다운 것만 보고 자라서, 아름다운 것들의 수호자가 된 그녀의 모습은 충분히 그런 오해를 살 만했죠.

학 생   그렇다면 '인생의 자율권 승계'란 무엇인가요?

상속자   말하자면 남의 지배나 구속을 받지 않고 '내 인생을 다시 쓰는 권한'을 부여받는 것이죠. 아무리 거대한 기업을 승계한다고 해도 자신의 인생 하나 통제하지 못한다면, 아무것도 다스리지 못하는 겁니다. 재클린은 바로 이것으로 대중의 상상력을 사로잡았습니다. 그녀의 후계자들은 전부 인생의 자율권을 계승했기에 자신의 인생을, 운명을 다시 썼죠.

학 생 재클린은 인터뷰도 하지 않을 만큼 사생활 보호에 철저했다고 하셨어요. 그렇다면 어떻게 이런 가르침을 얻으신 거예요?

상속자 가르침을 구하려는 순수한 열정 덕분입니다. 문을 두드리니 열리기 시작했거든요. 지금 내가 하는 공부가 사람들을 이롭게 할 거라고 굳게 믿었죠. 재클린에 대한 모든 자료를 수집했어요. 구술 녹음, 비공개 문서, 경매로 나온 편지까지도요. 가장 흥미로운 부분은 뭔지 알아요? 그녀에 대한 책을 읽을수록 매번 다른 이를 만난 것처럼 느껴진다는 겁니다.

학 생 정말 흥미롭네요. 어떻게 그럴 수가 있죠?

상속자 누구는 위엄 있는 미국의 여왕 같았다고 하고, 또 누구는 사람을 꿰뚫어 보는 냉정한 전략가 같았다고 하죠. 한없는 낭만주의자 같았다는 사람도 있습니다.

학 생 오호, 그래요?

상속자 재클린을 만났거나 연구한 사람들이 공통적으로 하는 말이 있어요. 그녀는 누구보다 자기 자신을 잘 알았다고. 시동생 테드 케네디는 형수의 추도사에서 이렇게 말했어요. "재클린처럼 생긴 사람도, 말하는 사람도, 글 쓰는 사람도, 독창적인 방법으로 일을 처리하는 사람도 없었습니다. 그녀는 누구보다 자기 자신을 가장 잘 알았던 사람입니다."

학 생   놀랍네요. 자기 자신을 가장 잘 안다는 것이 자신감을 주는 걸까요? 그분은 도대체 어디서 그런 자신감이 나오는 거죠?

상속자   그것이 상속자 정신의 비밀을 아는 사람의 모습입니다. 힐러리의 다른 예시를 통해 인생의 자율권 승계에 대해 좀 더 알아보도록 하죠. 힐러리는 대권 승계를 앞두고 있었습니다. 그러나 매일 쏟아지는 악평에 옴짝달싹하지 못했죠. 남편이 대통령 출마를 선언하자마자 언론이 힐러리의 외모에 지나치게 참견했거든요. 헤어와 메이크업, 스타일을 비난하는 기사가 끊이지 않았죠. 전통적인 영부인 이미지와 다르다는 이유였습니다.

학 생   연일 언론이 공격해 대면 무섭고 혼란에 빠지겠어요.

상속자   마치 큰 잘못이라도 한 듯이 주눅 들겠죠. 힐러리는 재클린에게 달려가 하소연했습니다. 언론이 원하는 대로 전문가의 손을 빌려 머리끝부터 발끝까지 변신하면 문제가 해결되겠냐고.

학 생   그랬더니요?

상속자   오히려 재클린은 자신의 본질을 바꾸려는 발상에 놀라워했어요. 그리고 단호하게 충고했죠. "안 돼요. 당신은 당신 자신이어야 해요. 남에게 맡기면 그 사람이 당신이 누구이고 어떻게 보여야 하는지를 자기 주관대로 판단할 거예요. 그러면 결국 남의 생각을 몸에 걸치게 되겠죠. 그보다는 당신에게 중요한 것에 정신을 집중하세요."

학 생   와, 재클린이 다시 한번 힐러리를 구했네요! 약해진 마음을 다잡아 주었어요.

상속자   맞아요. 힐러리는 외모에 신경 쓰지 않는 성격이어서 스트레스를 받았던 거예요. 하기 싫은 일이니까요. 그녀가 꾸미기를 좋아했다면 언론의 관심을 즐겼겠죠. 그녀의 마음은 '난 이걸 하고 싶지 않아'라고 이미 외치고 있었어요.

학 생   하지만 사람들은 대통령에게 누가 된다는 이유로 그녀를 입맛대로 바꾸려고 한 거겠죠. 힐러리가 언론의 말을 곧이곧대로 순순히 들었다면 어땠을까요?

상속자 자신이기를 포기하고 사회가 떠맡기는 역할을 그저
그냥 받아들였기 때문에 불행했겠죠. 운명의 자율
권 승계란 이런 겁니다. 경영권 승계나, 권력 승계보
다 강한 것이죠. 기업을 통제하고, 나라를 통솔하는
권한을 손에 넣는다 해도 스스로를 다스리지 못하면
그게 무슨 소용입니까? 부모가 천만금을 물려준다
해도 자녀가 자기가 스스로 정한 것에 따라 행동
하지 못하게 한다면 인생의 자율권 승계는 안 한
겁니다. 재클린의 자신감은 상속자 정신의 비밀, 즉
인생의 자율권 승계가 완성되었기 때문에 나오는 것
입니다.

누구나 상속자로 태어났다

학 생 알겠습니다. 재클린의 가르침을 받아들일 자세로 고
쳐 앉겠어요.
상속자 그런 자세라면 우리의 대화도 점점 깊어질 겁니다.
재클린의 가르침이 자연스레 당신의 내면에 깊숙이
스며들 거고.

학 생 이제 시간이 다 되어 가는데, 질문할 게 너무 많아요.
여자거나 가난해도, 혹은 똑똑하지 못해도 재클린의
후계자가 될 수 있나요?

상속자 당신은 무엇이 될 필요가 없어요. 누구나 상속자로
태어났습니다.

학 생 ……!

상속자 상속자 정신은 공평합니다. 가난한 자는 들어올리
고, 부유한 자는 내려오게 하죠. 다시 말해 없는 사
람은 당당하게, 가진 사람은 겸손하게 만드는 사
상입니다.

학 생 모두에게 공정하군요. 저는 제가 늘 약자라고 생각
해서 억울하고, 힘을 갖고 싶어요.

상속자 그대가 스스로를 약자라 느끼는 이유는 상대적 박탈
감에 시달리기 때문입니다. 그리고 인간은 무언가를
빼앗겼을 때, 그것을 되찾아와야 다시 온전할 수 있
다고 믿죠.

학 생 무슨 말인지 알겠어요. 저는 재벌가 여자들은 어떤
삶을 살까 궁금해서 한참 찾아본 적이 있어요. 부족
함 없는 인생이니 얼마나 현재에 만족하면서 살까
생각했죠. 그런데 놀랍게도 재벌가 여자들도 경영권

승계라는 문제 앞에서는 상대적 약자더라고요! 여자로 태어났다는 이유만으로 후계자 후보에서 제외된다는 것이 뼈아픈 거죠. 그래서 요즘은 다른 남자 형제들과 똑같이 치열한 경쟁을 거쳐 빼앗긴 권리를 되찾아오는 여성 경영인들이 늘고 있다는 취지의 기사를 봤어요.

상속자　장자 승계라는 원칙 아래에서는 재벌집 딸로 태어나도 상대적 약자가 되죠.

학　생　맞아요. 그건 차남도 마찬가지예요. 태어나면서부터 '장자'와 '장자가 아닌 자'로 계급이 나뉘는 셈이죠. 선생님, 그래서 후계구도를 둘러싼 재벌가 형제간의 피 튀기는 전쟁이 지금까지 대중문화의 단골 소재가 되는 거겠죠? 인간은 태어나면서부터 빼앗긴 게 많은 존재니까요. 그것을 되찾아오려는 자들의 투쟁이 오늘날 경쟁 사회의 모습이겠죠. 물론 저 같은 사람은 경영권을 물려주려는 재벌 부모도 없으니 걱정도 팔자겠지만요.

상속자　경영권 승계와 권력 승계라면 그렇겠죠. 그러나 그대는 재클린의 후계자입니다. 인생의 자율권 승계는 이미 상속자로 태어난 이상 절대로 빼앗길 수 없는 것이죠. 그것을 되찾아와야 하는 것입니다.

학 생 제가 그렇게 태어났다는 것을 믿지 못하겠어요. 저는 항상 불운하고, 운명이 저주한다고 느껴서요. 고귀한 혈통을 가진 사람도 아니고요. 저희 부모님은 평범하신 분들이거든요.

상속자 재클린의 가르침은 거듭남의 사회학입니다. 당신이 불운한 것은 잘못된 핏줄로 태어나서도, 운명이 저주하기 때문도 아닙니다. 그저 '거듭날' 기회가 없었던 것뿐이죠. 혈연관계에서 벗어나는 그날, 당신은 상속자로 다시 태어나는 겁니다. 그날이 왔을 때 당신의 타고난 운명은 한순간에 달라질 거예요.

플루타르코스, 그리고 재클린

학 생 어쩐지 선생님 앞에서는 속마음을 털어놓을 수 있을 것 같아요. 솔직히 전 다시 태어나고 싶거든요.

상속자 다시 태어나고 싶어요?

학 생 네. '나도 부잣집에서, 재벌가 자식으로 태어났다면 어땠을까?' 하는 상상을 해보곤 해요.

상속자   재미있는 상상이네요. 그런 상상을 많이들 하죠.

학 생   이를테면 하이클래스 3세로 완벽 변신해 보는 거
죠. 외모와 능력, 재력까지 겸비했을 거예요. 이왕이
면 재벌 사교계를 들썩이게 만드는 파급력까지 있다
면 더 좋겠어요. 화려한 명성을 지닌 셀럽으로 가는
곳마다 화제의 중심이 되는 인물인 거예요. 제가 꿈
꾸던 대로 글로벌 패션 브랜드 CEO도 하고 싶어요.
재벌 3세 상속자이지만, 독자적인 패션 브랜드까지
구축하는 거죠. 남부러울 것 없는 조건을 타고났어도
안주하지 않을 거예요. 제 능력으로 성공을 거두면
당당한 매력을 뽐낼 수 있겠죠. 참, 기부도 많이 할 거
예요. 어쩐지 재벌가 상속자로 사는 바람직한 자세일
것 같거든요. 도도해 보여도 이면에는 인간적인 면모
가 함께 숨어 있는 사람이 좋아요.

상속자   꽤 구체적으로 상상했네요. 재밌어요. 자신에게 주
어진 기회를 마음껏 누리는 기분은 어떨 것 같아요?

학 생   상상해 보는 것만으로도 짜릿하죠. 속물적일 수는
있지만 저 혼자만의 생각은 아니에요. 삶을 다시 시
작하고 싶다는 생각은 상당히 널리 퍼진 보편적 욕
망이거든요.

상속자   속물적이라고 생각하지 않아요. 오히려 종교적이라
는 생각이 드는데요.

학 생   종교적이라고요?

상속자   로마 가톨릭교회에는 세례洗禮 성사가 있어요. 신자
가 되려면 제일 먼저 받아야 하는 가장 중요한 전통
예식이죠. 본래는 물에 잠겼다가 나오는 예식인데,
점차 물로 이마를 씻는 예식으로 간소화되었죠.

학 생   왜 물로 이마를 씻는 것인가요?

상속자   물이 상징하는 바를 들여다보면 알 수 있습니다. 홍
수의 물은 죽음을, 가뭄의 물은 생명을 의미합니다.

학 생   물은 죽음과 생명을 동시에 상징하는군요.

상속자   그렇죠. 그래서 물로 씻는 행위는 정화를 의미해요.
세례를 받음으로써 죄악에 물든 과거의 우리 자신은
죽는 거죠. 동시에 하느님의 자녀로 다시 태어나 교
회의 일원이 되는 겁니다. 그로써 새로운 생명을 얻
게 되죠. 고대부터 세례를 받은 사람만이 교회의 직
무인 예언직, 왕직, 사제직에 참여할 자격을 얻었습
니다.

학 생   세례란 곧 다시 태어나는 것이네요.

상속자   네, 다시 태어나고 싶다는 욕망은 신화적이기도 합

상속자 정신은 공평합니다.
없는 사람은 당당하게,
가진 사람은 겸손하게 만드는 사상입니다.

니다. 많은 신화학자들은 영웅적 인물의 생애를 정리한 서사 모형에서 공통된 부분을 발견했죠. 바로 '고귀한 혈통으로 태어남'에 대한 갈증입니다. 재클린은 존 F. 케네디 대통령에 대해 이렇게도 말했어요. "그의 삶은 정치 이론보다는 신화, 마법, 전설, 영웅담과 더욱 깊은 관계를 맺고 있다."

학 생 어떻게 그럴 수 있죠? 일국의 대통령이 정치가보다는 영웅에 가깝다는 말인지요?

상속자 어릴 때부터 병약했던 케네디는 침대에서 역사책을 탐독하던 소년이었어요. 중세 아서왕과 원탁의 기사들의 모험담을 읽으며 영웅적인 삶을 꿈꾸었죠. 특히 고대 그리스의 역사가인 플루타르코스의 『영웅전』을 연설에서 여러 번 인용하기도 했어요. 『영웅전』은 카이사르, 알렉산더 대왕 등 고대 영웅에 관해 아름다운 문체로 서술한 전기예요. 재클린도 남편 못지않게 이 책을 즐겨 읽었죠.

학 생 그렇다면 재클린과 케네디도 다시 태어나고 싶어했을까요?

상속자 물론입니다. 운명이 자신을 가차 없이 팽개쳤다고 느낀 사람이라면 지위고하를 막론하고 그렇지 않을까요?

학 생 ……운명을 바꿀 수 없다고 좌절한 저 같은 사람이
요!

상속자 플루타르코스의 영웅전 첫 단계가 바로 '태어남'입
니다. 예로부터 사람들은 다시 태어나 새로운 운
명의 부름을 받고 싶어 했어요.

학 생 그렇다면 더더욱 이해가 안 되네요. 다시 태어나고
싶다는 욕망이 그토록 보편적이라면, 왜 오늘날의
청춘은 아직도 이번 생이 망했다고 부르짖고, 과거
로 돌아가는 회귀물이나, 주인공은 죽임을 당했지만
다른 인물로 이어서 살아가게 되는 빙의물, 혹은 죽
음 이후 다른 세계에서 새롭게 태어나는 환생물, 즉
'회빙환' 3종 세트가 대중문화에서 인기를 휩쓸고
있을까요? 우리는 모두 태어날 때부터 계급이 나뉜
존재이며, 개인이 아무리 노력해도 변하지 않을 거
라는 불안, 과거에는 인생의 기본 목적이라고 여겨
지던 결혼, 출산, 내 집 장만 등을 일찌감치 포기하기
때문이라고 생각해요! 한마디로 우리에게 주어진 인
생 1회 차는 이미 망한 거죠. 그래서 '회빙환' 작품
을 소비하는 거고요! 기껏 대한민국 청년들의 무기

력이 과거와 크게 다르지 않다는 게 선생님께서 제게 주실 수 있는 위안이라니요! 살길을 찾지 못하고 생의 의지를 점점 잃어가는 사람들에게 인생 2회차, 내지는 인생 리셋의 기회는 간절하다고요.

상속자 　중요한 것은 당신과 나의 다시 태어남의 정의가 다르다는 거죠. 그대는 '내가 아닌 다른 사람으로 살고 싶다'는 의미에서 말했습니다. 맞습니다, 그건 현실적으로 불가능하죠. 죽었다 깨어나지 않는 이상. 그러나 재클린 사회학은 '과거의 나를 버리고, 새로운 나로 거듭나는 것'을 다시 태어남의 진정한 의미로 봅니다.

학 생 　상속에 대한 기존의 상식을 버리는 것도 포함되나요?

상속자 　그렇습니다. 상속의 개념을 뒤집는 것 또한 거듭나는 것이죠.

학 생 　선생님이 매혹적인 혁명가인 이유군요.

　학생은 상속에 대해 부정적으로 느꼈던 자신을 돌아보았다. 한편으로는 정신적으로 성숙해진 느낌도 들었다. 그 순간 어떤 예감이 들었다. 상속자 정신을 배우는 과정은 진정한 나 자신을 찾는 여정이 될 것이다. 이 길을 걸으며 많이 성장할 수 있을 것이다. 그리고 반드시 원하던 대로 운명을 바꿀 수 있을 것이다.

진정한 나 자신을 찾는 여정

상속자   오늘 즐거웠어요. 나를 다시 찾아온다면, 본격적인 인생의 자율권 승계 작업이 이루어질 겁니다.

학 생   네? 승계 작업이요?

상속자   비밀을 알려 준 것도 그 이유에서입니다.

학 생   하, 하지만 저는 후계구도의 싸움에 휘말리는 것을 원하지 않는데요!

상속자   휘말리지 않습니다. 재클린의 후계자가 되는 것은 한 사람만 독차지할 수 있는 자리가 아닙니다. 당신이 누구인지를 되찾는 여정을 떠나는 것일 뿐이죠. 그래서 탈환하는 것입니다.

학 생   첫 만남에서 제게 많은 것을 알려 주셨어요. 저는 세상에 '복수'를 하고 싶었어요. 제 삶을 좌절로 이르게 한 사람을 찾아내 벌을 주고 나면 운명이 바뀔 것이라 기대했죠. 하지만 선생님과 대화할수록 제게 피해를 준 세상이라는 가해자보다, 저 자신에 대한 통찰을 더 많이 하게 돼요. 알게 모르게 힘이 되어 줬던 사람들의 고마움도 깨닫고요.

상속자　당신이 물려받았다는 사실을 '회피'하는 것에만 초점을 맞추었기 때문에 그랬던 겁니다. 점차 물려받은 것을 자각하고 '돌파'해 나가는 태도로 벌써 성장했어요.

학 생　복수담으로 시작한 저의 드라마는 회복담으로 끝나게 될까요?

상속자　회복담에서, 사랑하는 이를 구원하는 구원담으로까지 확장되리라 자신합니다.

학 생　좋습니다! 짧은 시간 안에 다시 찾아뵙도록 하죠. 승계 작업은 어떻게 이루어지나요?

상속자　두 가지 방법으로 진행됩니다. 첫 번째는 독서죠.

학 생　독서요?

상속자　힐러리는 재클린의 책을 사랑하는 마음에 깊은 인상을 받았어요. 재클린의 어퍼이스트 사이드 아파트에 방문할 때 보니 책으로 집을 가득 채운 점이 눈에 띄었거든요. 탁자 위에도, 밑에도, 소파 옆에도 책이 무더기로 쌓여 있었어요. 서재에는 책이 너무 높게 쌓여서, 책상에서 음식을 먹을 때 책더미 위에 접시를 올려놓을 정도였으니까요. 빌과 힐러리 클린턴 부부는 재클린의 집과 별장을 흉내 내기 위해 갖고 있던 책을 총동원해서 지적인 분위기를 내보려고 따라 하기도 했어요.

학 생   재클린은 엄청난 독서광이었군요!

상속자   퓰리처상 수상 작가인 남편 케네디조차 "어떻게 저렇게까지 책을 좋아할 수 있는지 이해할 수 없다"라고 말할 정도였죠. 친구의 기억에 따르면 건축서, 역사서, 전기를 일주일에 8권에서 10권씩 읽었습니다. 소설가 트루먼 카포티도 그녀의 독서 습관을 일컬어 "내가 아는 사람 중에서 책을 가장 많이 읽는 사람이다. 하루에 한 권 정도는 우습다"라고 했죠.

학 생   독서라니, 생각보다 어렵지 않아서 안심이에요. 선생님은 운명을 바꿀 수 있다고 하셨어요. '운명'이 불변해서가 아니라 '나'의 주관이 그렇게 한 것이라고요. 그래서 '불변'의 렌즈에서 '변화'의 렌즈로 세상을 보라고요. 깨달음이 찾아오네요. 변화의 첫걸음은 바로 알고자 하는 마음인 것 같아요.

상속자   알고자 하는 마음이야말로 순수한 열정입니다. 그 순
        수함이 운명을 바꾸는 질문을 끊임없이 던지게 할 거
        예요. 맑고 순수한 영혼일수록 배움의 깊이도 크죠.

학 생   순수함을 긍정하시는군요. 저도 재클린의 상속자 정
        신을 어서 배워 새로운 나로 살아가고 싶어요!

상속자   서두를 필요는 없습니다. 답은 이미 그대 안에 있을
        수 있거든요. 그저 모르던 것을 알아 가는 과정이 필
        요할 뿐이죠.

학 생   그렇군요. 앞으로 알아 가고 싶다는 마음이 커져요.
        첫 번째를 알았으니 두 번째도 궁금한데요?

상속자   두 번째 실천은 대화입니다. 재클린은 자신이 직
        접 쓴 책을 한 권도 남기지 않았죠. 예술가와 지식
        인들, 특히 역사학자들과 끊임없이 '지적 대화'를
        나누었을 뿐이에요. 대신 이를 테이프로 녹음해 구
        술 기록이라는 형태로 후세에 남겼죠. 재클린의 딸
        캐롤라인이 최근 역사학자 아서 슐레징거[Arthur M.
        Schlesinger][2]와 재클린의 대화집을 세상에 공개했어
        요. 재클린은 스스로 신비주의를 깨고 역사를 위해

---

2 미국의 지식인, 사회비평가, 역사학자. 케네디의 특별보좌관으로 역사의 현장을 직접 목
격하고 기록했으며, '궁정 사관'이라는 별칭을 얻었다. 이후 퓰리처상 수상작 『케네디 정
부의 1000일(A Thousand Days: John F.Kennedy in the White House)』을 책으로 펴냈다.

선물을 남긴 셈이죠. 그 안에는 문화, 예술에 대한 재클린의 높은 안목부터 정치, 외교에 대한 통찰력까지 담겨 있어요.

학 생   재클린은 아름답고 우아하기만 한 것이 아니라 교양과 지성을 갖춘 여성이었군요?

상속자   그렇죠. 당신이 안고 있는 여러 의문에 대한 해답은 나와 대화를 나누는 동안에 모두 찾을 거예요. 그리고 당신의 운명도 바뀔 겁니다. 내가 한 말에 의해서가 아니라 당신 스스로 말이에요. 나는 대화를 통해 답을 찾는 그 소중한 과정을 옆에서 도울 뿐이죠.

학 생   다시 말해, 재클린이 힐러리와 뉴욕 어퍼이스트 사이드 응접실에서 나눈 것 같은 대화를 우리 둘이서 재현한다는 거군요?

상속자   나는 재클린의 절반도 따라가지 못하겠지만, 시도는 해볼 수 있겠죠.

학 생   몇 시간이 어떻게 흐르는지 모를 정도로 완전히 대화에 빠져들었어요. 지적 대화가 이런 것이라면, 계속 시도해 주세요!

두 번째 만남

모든 고민은 타고난 운명에서 비롯된다

학생은 일주일도 채 되지 않아 상속자를 다시 찾았다. 재클린이 남긴 상속자 정신은 학생을 사로잡았다. 마치 마법과도 같은 시간이었다. 그러나 학생의 희망은 금세 불안으로 변했다. 즉 상속자 정신은 궤변이고 수저계급론은 확실히 존재한다. 인간은 타고난 운명에서 벗어날 수 없거니와 운명에서 해방될 수도 없다. 그렇기 때문에 모든 고민은 타고난 운명에서 비롯된다. 오늘이야말로 특이한 상속자에게 그간 궁금했던 질문 세례를 퍼부으리라.

왜 더 이상 꿈꾸지 않는가

학 생 선생님, 상속자 정신에 대해 생각할수록 마음이 끝도 없이 부풀어 올라요. 한편으로는 의문이 생겨서 불안하기도 하고요.

상속자 그렇군요. 무엇에 의문을 느꼈어요?

학 생 이를테면, 상속자로 태어났다는 것을 알면 자칫 안하무인이 되지 않을까 해서요. 사회지도층 자제들이 일탈을 저지르는 뉴스를 많이 봤거든요. 어렸을 때부터 특권층으로 살다 보니 우월감을 자연스럽게 느

69

끼면서 생활했기 때문 아닐까요? 조금 잘못해도 믿는 구석이 있는 거죠. 이렇게 건방진 행동을 해도 상속자로 태어난 건가요? 저는 특권의식과 상속자 정신이 어떻게 다른지 궁금해요. 그러니까, '나는 물려받은 특별한 사람이다'는 생각에 취해 제멋대로 살아도 되나요? 만약 그렇다면 그건 잘못된 것 같아요

상속자 과연 그렇네요. 하지만 특권의식에 젖은 사람은 그렇게 행동하면서도 원치 않는 불안을 경험할 겁니다.

학 생 그렇죠. 어쨌든 그들은 어느 집안의 자손이라는 걸 습관적으로 드러내죠. 유명하거나 가치 있는 것을 자기와 결부시켜 반사된 영광을 누리려는 '후광 효과' 말이에요.

상속자 그건 상속자 정신이 아닙니다.

학 생 '나는 물려받은 특별한 사람이다'는 기분이라면 비슷한 것 같은데……. 특권의식과 다른 점은 무엇인지요?

상속자 간단합니다. 겸손이 있느냐 없느냐의 차이죠.

학 생 겸손이요?

상속자 그렇습니다. 겸손하지 않은 사람은 당신이 묘사한 대로 악한 마음을 가지겠지만, 겸손한 사람은 선한

마음을 가질 것입니다. 왜 그럴까요? 특권의식을 가진 사람은 '나는 물려받은 특별한 사람'이기 때문에 특별한 대우를 받아야 한다고 생각하고, 상속자 정신을 가진 사람은 '나는 물려받은 특별한 사람'이기 때문에 특별히 더 나은 행동을 해야 한다고 믿기 때문이죠.

학 생 아니요, 선생님. 저는 겸손이 미덕이 아니라 악덕이라 생각해요! 미덕이라며 부당하게 강요되는 것이기 때문이죠. 얼마나 진심을 감춘 거짓된 행동이라고요. 건방지고 오만한 사람으로 취급되는 게 두려워서 뻔한 말을 늘어놓는 것을 보세요!

상속자 그건 그대가 겸손이 뭔지 모르기 때문에 그렇게 말하는 겁니다. 상속자 정신은 내가 가지고 있는 모든 것, 내 배경, 내 재능, 내 노력까지도 내게 속한 것이 아님을 인식하는 것에서부터 나오죠. 내가 지금 이 자리에 존재하는 이유가 내 선대 덕분이든, 신의 개입 덕분이든 그것을 인식하면 그대의 내면에서 겸손이 우러 나옵니다. 그러면 자연스레 말과 행동에 배어 나오겠죠. 그래서 '나는 물려받은 특별한 사람이다'는 생각에서 똑같이 출발했어도 상속자 정신과 특권의식은 이렇게 달라요. 사고의 출발선이 다르니 그 끝도 다르겠죠. 자신의 특권을 넘어서려는 자와 안주하려는 자로 나뉠 테니.

학 생 특권을 넘어선다고요?

상속자 그게 바로 특권의식과 상속자 정신의 차이입니다. 자신이 물려받은 것에 안주하고 더 이상 꿈꾸지 않는 것과 자신이 물려받은 것을 넘어 더 발전하고 꿈꾸는 것의 차이죠.

학 생 그간 비난하기에 바빴는데, 특권의식에 젖은 것이야 말로 조용한 절망감 속에서 살아가고 있는지도 모르 겠네요. 미국의 사상가 헨리 데이비드 소로Henry David Thoreau[1]가 한 말인데, "대부분의 사람들은 조용한 절 망감 속에서 살아간다"라는 글귀를 본 순간 제 심장 이 '쿵' 하고 떨어지는 기분이었거든요.

상속자 꿈이 없는 자들을 동정하라! 조용한 절망감이야말로 재클린이 필사적으로 도망쳤던 정신입니다. 재클린 은 고등학교를 졸업하면서 절대로 가정주부가 되지 는 않겠다고 맹세했죠. 오늘날의 시각으로 보면 이

---

1 미국의 시인. 초월주의자와 정신적 구도자의 삶이 통째로 결합한 인물로, 대표작으로는 자연과 함께 하는 삶의 아름다움을 담은 『월든』이 있다.

런 맹세가 조금 우스울 수도 있어요. 그러나 1940년대 미국 사회에서는 놀라울 정도로 파격적인 일이었죠. 당시의 미국 젊은 여성들의 여성상은 좋은 주부였습니다. 가장 진보적인 여성 교육기관으로 평가받았던 세븐시스터즈Seven Sisters[2] 같은 명문 여자 대학들도 '좋은 아내, 좋은 주부를 길러 내는 것'을 교육 목표로 삼았죠.

학 생   그러니까 오늘날로 따지면 '난 절대로 좋은 회사에 취직하는 사람은 되지 않을 거야. 좋은 회사를 차리는 사람이 될 거야!'라고 맹세한 셈이네요. 정말 근사한데요!

상속자   정말로 근사하죠? 대학생 시절부터 재클린은 공인이 되고 싶다는 열망, 세상이라는 극장에서 주연을 맡고 싶다는 소망, 역사에 이름을 새겨 넣고 싶다는 바람을 가지고 있었습니다. 재클린은 '학생들 사이의 학생으로 지내는 것이 지겨워졌다'라고 적었어요. 학교를 완전히 그만두고 뉴욕으로 가서 사진작가의 모델이 되는 것을 고려하기도 했죠.

---

2 미국 동부에 위치한 깊은 역사와 유구한 전통을 가진 7개 여자 대학을 가리킨다. 당시 아이비리그가 전부 남자 대학교였던 것에 대응한 명칭이다. 마운트 홀리오크, 바사, 웰슬리, 스미스, 래드클리프, 브린 모어, 바나드 칼리지가 해당된다.

학 생   이름없는 학생으로 사는 건 저도 지겨워요! 그래서
       그 꿈은 어찌되었나요?

상속자   그녀의 아버지는 뉴욕에서 젊은 모델로 활동하는 것
       에 어떤 어려움이 있는지 잘 알고 있어서 크게 걱정
       했습니다. 그래서 그 생각의 싹을 잘라 냈죠. 재클린
       은 곧 바로 다른 계획을 세웠어요. 프랑스 파리에 있
       는 소르본 대학에 교환학생으로 가는 거였죠. 물론
       아버지와 협상에 성공했어요. 이처럼 그녀는 원래
       꿈이 좌절되면 바로 새로운 꿈을 꾸었고, 어떻게든
       그 꿈을 실현시키는 방법을 찾아냈습니다. 이런 '꿈
       꾸는 습관'이 그녀 자신 안에 잠자는 무한한 능력을
       일깨웠죠.

학 생   꿈꾸는 습관이요?

상속자   꿈이 없는 상태를 만들지 않는 거예요. 말하자면 꿈
       의 공백기를 없애는 거죠. 끊임없이 새로운 꿈을
       꾸기 때문에 좌절감을 느낄 틈이 없어지죠. 꿈꾸는
       습관에 관해서는 대화가 좀 더 진행되고 나서 체계
       적으로 설명할게요. 그건 재클린이 알고 있는 비밀,
       상속자 정신의 핵심이거든요.

학 생   설명만 제대로 해주신다면 언제든 상관없어요. '꿈

꾸는 습관'이라는 말, 기억해 두겠어요. 아무튼 놀라워요. 전 꿈을 가진다는 건 일생에 한 번 있을까 말까 한 대단한 일로 알고 있었거든요. 그래서 한번 꿈을 잃어버리면 되찾기 어렵다고 생각했어요. 그저 평범한 일상 속에 파묻혀 살아가야 하는 줄 알았어요.

상속자 재클린에게 꿈을 가지는 건 숨 쉬는 것처럼 자연스러운 일이었습니다. 결혼을 잘하기 위해 춤을 배워야 할 때도 마찬가지였죠. 당시 여자아이에게 기대하는 건 좋은 집안의 며느리가 되는 것뿐이었습니다. 그래서 여덟 살, 아홉 살이면 춤추는 것을 가르쳤어요. 사교계에 데뷔해 신랑감을 물색할 준비를 하라고. 하지만 재클린은 그보다는 프로발레리나가 되기를 꿈꾸었어요. 오닐 선생님에게 열심히 레슨을 받았고, 피루엣 동작(한쪽 발로 서서 빠르게 도는 것)을 수없이 반복했죠. 봄학기 발표회에서 드뷔시의 〈골리워그의 케이크 워크〉란 곡으로 이를 성공적으로 선보였죠.

학 생 오호!

상속자 하지만 너무 큰 키와 부모님의 반대라는 장벽에 부딪혔죠. 더구나 발레에 남다른 재능이 있는 건 아니라는 사실도 받아들여야 했습니다.

학 생　평생의 꿈이 좌절된 순간이었겠네요.

상속자　자, 친구가 평생 꿈꾸던 일이 좌절되었다고 해보
죠. 그 친구에게 뭐라고 하겠어요?

학 생　글쎄요. 힘들 테니 먼저 위로해 주고…….

상속자　바로 그겁니다. 이런 일이 항상 힘들고 불행한 일일
까요? 그게 바로 꿈에 대한 고정관념이죠. 우리는 꿈
을 이루면 성공이고, 아니면 실패라는 이분법을 적
용합니다. 꿈이 좌절되는 것을 큰 비극으로 받아들
이죠. 어쩌면 그래서 꿈을 가지는 것 자체를 두려워
하는지도 모릅니다. 좌절하게 되는 상황을 마주하고
싶지 않아서.

학 생　하, 보기 좋게 제 고정관념을 뒤집으시는군요!

상속자　재클린은 좌절을 힘들고 불행한 일로 보지 않았습니
다. 도리어 작은 성공으로 보았죠. 작은 성공들이 쌓
여 큰 성공으로 이끈다고 믿었어요. 그리고 좌절된
꿈 위에 새로운 꿈을 얹었죠. 더불어 평생 발레를 사
랑할 수 있음에 감사했습니다. 발레리나가 될 수 없
다면, 무대를 만드는 일에라도 참가하고 싶다고 생
각했죠. 어쩌면 발레복이나 무대의상을 디자인하는

일을 할지도 모르겠다고 상상했어요. 곧 꿈을 실현할 방법을 고안하느라 분주했습니다. 그리고 발레 관련 책을 수집해 자기 방 벽 한 면을 채웠어요.

학 생 신선한 발상이에요. 여태껏 저는 좌절했을 때의 사회적 시선이 두려웠어요. 그래서 더 이상 꿈꾸지 않았는지도 모르겠어요……. 잠시 감정을 추스를게요. 원래의 대화로 돌아오면, 궁금한 것이 더 남아 있어요.

상속자 뭐든 자유롭게 물어봐요.

학 생 좋은 집안과 결혼해야 한다는 게 당시 사회적 통념이었잖아요. 확실치는 않지만…… 재클린도 거기서 완전히 자유롭지는 못했을 테지요?

상속자 그럼요. 재클린도 강제로 일주일에 두 번 콜로니 사교 클럽에서 허벨 선생님이 가르치는 춤 학교에 다녔습니다. 사교댄스 파트너는 버클리나 세인트 버나드, 엘렌 스티븐스 남학생들이었죠. 여성 전용 사교 클럽에 억지로 끌려온 남학생들은 양 떼처럼 탈의실에 모여 있다가 선생님에게 쫓겨나곤 했습니다. 재클린에게 요구되는 삶의 모습은 이런 것이었죠. 싫든 좋든 미소를 띠며 우아하게 흰 장갑을 끼고 춤추는 인생이요.

학 생 　흰 장갑이요?

상속자 　흰 장갑은 사회적 시선에 끼워 맞춘 삶이었습니다.
　　　그녀에게는 조용한 절망감을 상징했죠.

학 생 　……!

상속자 　그녀는 그런 속물적인 기준에 자신을 끼워 맞추고
　　　싶지 않았어요. 사회가 규정한 꿈을 거부했습니다.
　　　학창시절에는 강압적인 어머니에게 분노하기도 했
　　　어요. "못살게 굴고, 매사 남들 이목과 사회적 시선
　　　만 의식하고, 흰 장갑을 끼고 격식을 차리는 인생만
　　　인생인가요? 엄마는 위선자예요!"

학 생 　아니, 그건…….

모든 고민은 '타고난 운명에서 비롯된' 고민이다

상속자 　재클린이 어머니를 싫어한 것은 아니에요. 그저 양
　　　가감정이 들었을 뿐이죠. 재혼한 재클린의 어머니는
　　　딸들을 열심히 뒷바라지했어요. 재클린도 어머니의
　　　헌신을 모르지 않았고요. 그저 사회에서 규정한 꿈
　　　에 만족해야 한다는 것에 대한 반항이었죠.

학 생 기품 있는 모습 이면에 반항아가 보이네요. 전에 나눈 대화도 떠올라요. 재클린이 살았던 시대의 미국은 위계질서가 엄격한 계급사회였다고요. 그래서 그녀는 상대적 약자였고, 타고난 운명이 불리했다면서요?

상속자 그래요. 재클린은 불리한 운명 때문에 마음에 상처를 입은 어린 시절 친구에게 털어놓기도 했어요. "있잖아, 피터. 우리는 '와스프WASP'가 지배하고 '올드머니old money'를 따지는 사회에서 애쓰며 살고 있어. 이곳에서만큼은 마치 모든 게 영원하고 안전해 보이지. 하지만 너랑 내게는 해당사항이 없다는 걸 잘 알잖아. 난 가톨릭이고 부모님이 어릴 때 이혼하셨으니까. 그래서인지 난 이곳에서 늘 아웃사이더라 느껴."

학 생 와스프요? 그게 뭔가요?

상속자 미국에는 '와스프'로 대표되는, 상류사회의 주류를 이루는 집단이 있습니다. 와스프WASP는 '백인―앵글로색슨―개신교도White Anglo-Saxon Protestant' 라는 뜻이죠. 재클린은 백인이었지만 앵글로색슨이 아닌 프랑스와 아일랜드계였고, 개신교도가 아닌 가톨릭이었어요. 더구나 부모님의 이혼은 큰 흠이었죠.

학 생   그 말씀은 와스프로 다시 태어나지 않는 이상 차별 받는다는 거지요? 백인이란 인종도, 앵글로색슨이란 조상도, 개신교도란 종교도 어느 것 하나 노력해서 얻을 수 있는 것이 아니잖아요?

상속자   노력해서 얻는 것보다 물려받은 것이 가치가 높은 사회였습니다. 어떤 집안에서 태어났느냐를 가늠하는 첫 번째 조건이 와스프였고, 두 번째 조건은 올드 머니죠. '올드 머니'는 영어로 '오래된 돈'을 뜻해요. 대대로 이어져 온 부자라는 거죠. 와스프는 미국의 기업 대부분을 소유하고 있었고, 내로라하는 재벌가家를 이루었습니다. 밴더빌트가, 록펠러가, 애스터가[3] 등이 대표적인 올드 머니 가문들이었어요.

학 생   그럼 뉴 머니도 있었겠네요?

상속자   케네디 가문이야말로 '뉴 머니new money'였어요. 새로운 돈, 신흥 부호라는 뜻이죠. 백인이었지만 미국 역대 대통령 가운데 와스프 조건을 갖추지 못한 최

---

3 밴더빌트는 미국 철도산업을 주도했던 가문이다. 밴더빌트 가문을 일으킨 코넬리우스 밴더빌트(Cornelius Vanderbilt)는 네덜란드 이민자 출신으로 철도왕 또는 선박왕이라 불렸다. 록펠러는 석유산업을 주도했던 가문이다. 창업주 존 록펠러(John D. Rockefeller)는 석유왕으로 이름을 떨쳤다. 애스터는 사교계를 주름잡았던 가문이다. 캐롤라인 애스터(Caroline Astor)는 사교계 인사 400명 명단을 직접 작성할 정도로 뉴욕의 안주인으로 군림했다.

초의 대통령은 존 F. 케네디였죠. 그는 아내 재클린과 마찬가지로 아일랜드계 이민자 후손이며 가톨릭 신자였어요. 케네디 부부는 당시 미국인에게 '계층 상승에 대한 꿈'을 상징했죠.

학 생   하지만 방금 전까지는 재클린이 속물적인 기준을 싫어했다면서요? 계층 상승의 꿈이야말로 가장 속물적인 것 아닌가요?

상속자   꼭 그렇지만은 않아요. 모든 꿈은 계층 상승의 꿈이라 할 수 있죠. 물론 계층 상승이란 단어를 쓰지 않더라도, 보다 나은 상태를 추구하려는 욕망이라고 풀이할 수 있어요. 바로 '향상심向上心'이죠. 이는 상속자 정신의 근저에 흐르고 있습니다. 재클린은 자신과 케네디가 "평생 안주하지 않고 높게, 더 높게 오르려고 끝없이 노력했다"고 단언했으니까요.

학 생   선생님, 방금 그 말엔 동의할 수 없을 것 같아요. 인간에겐 계층 상승보다 훨씬 위대한 꿈이 존재하지 않을까요? 역사란 무엇인가, 예술이란, 또 삶의 창조란 무엇인가, 이런 것들이 우리가 나눠야 할 꿈의 주제 아니에요? 그런데 계층 상승이 꿈의 전부라뇨. 너무 속물적인 것 아닐까요? 평소 재클린의 이미지와 맞지 않아요.

학생은 늘 생각했다. 모든 고민은 타고난 운명에서 비롯
된다. 그래서 모든 꿈에는 계층 상승 요소가 들어간다는 상
속자의 주장에도 일리가 있었다. 그러나 상속자는 위선자에
불과하다! 방금 전까지 특권의식과 상속자 정신을 언급하며
겸손을 말했다. 그대가 가진 모든 것이 그대에게 속한 것이
아님을 인식하는 것이 겸손이라며, 겸손한 척하지 말라고
훈계까지 했다. 그런데 결국 계층 상승을 위한 꿈이라면 나
만 잘 먹고 잘사는 꿈을 장려하는 것 아닌가? 이 허술한 논
리를 격파해 보겠다!

진짜 상속자

상속자   진정해요. 좀 더 구체적으로 설명을 해볼게요.
학 생   네, 잘 설명해 주세요! 그렇지 않으면 오해가 생길 수
         있거든요.
상속자   그러면 계층 상승의 꿈에 대해 조금 시각을 달리해
         서 이야기를 나눠 보도록 하죠. 그대가 운명을 바꿀

수 없다고 느끼는 순간은 언제인가요?

학 생 뉴스 등을 통해 바라본 금수저들의 모습은 저를 허탈하게 만들어요. 저와 비슷한 또래인데 인턴 자리를 구하는 수고 없이 아버지 회사에 들어간다거나, 부모님이 창업할 자금을 대준다든지 할 때요. 어릴 때부터 해외여행이나 외국 생활을 하는 모습을 볼 때는 부러움도 느끼죠. 학자금 대출 걱정이라곤 찾아보기 힘들고요. 무엇보다 언제든 하고 싶은 게 생긴다면 지원받을 거라는 확신이 있어요. 적어도 제 눈에는 그렇게 보여요. 그게 부럽고, 때로는 비참해요. 그럴 때 '나는 왜 이런 운명으로 태어났을까!'라고 생각하게 되죠.

상속자 아, 그 마음을 진심으로 이해해요. 그런데 세상에는 두 종류의 상속자가 있습니다. 진짜 상속자와 가짜 상속자죠.

학 생 진짜 상속자라니요?

상속자 진짜 상속자는 나 자신만을 위한 꿈을 꾸지 않습니다. 나만 잘 먹고 잘사는 것은 진짜 상속자의 꿈이라할 수 없죠. 그대는 물려받은 특별한 사람이기 때문에 타인에 대한 책임감 또한 있는 겁니다. 그래서 누군가에게 물려줄 수 있는 사람이 되는 것이 진짜 상속자의 꿈입니다.

학 생　하지만 계층 상승의 꿈은 결국 나를 위한 꿈 아닌가요?

상속자　좁게 보면 그렇죠. 그러나 억압당하고 있던 사람들에게 자유를, 희망을 주는 것이 진짜 상속자의 자세입니다. 재클린의 할아버지는 재클린을 기어코 진짜 상속자로 만들었습니다.

학 생　그게 타인에 대한 책임감에서 나온다는 거군요.

상속자　그렇습니다. 그것이 자신의 특권을 넘어서는 진짜 상속자의 꿈이겠죠. 재클린에게 이 렌즈를 처방한 사람이 바로 할아버지였어요. 그의 이름은 존 버노 부비에 주니어. 할아버지는 엄하고 무서운 분이었고, 사람들은 그를 모두 '소령님'이라고 불렀죠. 그러나 재클린과 여동생 리 자매에게는 늘 '할부지 잭' 또는 '할부지 부비에'로 불렸어요.

학 생　친근한 애칭이네요.

상속자　부비에 가문은 남부 프랑스 가톨릭이었습니다. 개신교도를 믿는 프랑스 위그노계만이 와스프로 인정받았기 때문에 존 버노 부비에는 평생 차별당한다고 느꼈죠. 그래서 그는 재클린이 어릴 때 가상의 가계도를 구상하는데 열중했어요. 1940년에 『우리 선조들Our Forebears』이란 제목으로 사사로이 출간했고요. 가족들은 할아버지가 손수 작성한 새로운 족보를 성서처럼 여기고 숭배했어요.

학 생   그 변화의 렌즈란 무엇이었나요?

상속자   존은 부비에 가문이 열등한 취급을 받는 건 참을 수 없었죠. 와스프는 자신들이 우월한 존재처럼 세를 과시했거든요. 존은 조상들이 프랑스에서 왔다는 것에 자부심을 느꼈어요. 그는 프랑스어를 구사할 수 있었고, 프랑스 학교에서 1년 재학했다고 곧잘 자랑하곤 했어요. 그러나 프랑스 혈통만으로는 부족했어요. 보다 귀족적인 느낌이 나기를 원했죠. 양가 모두 프랑스 이민자라서 더더욱 그래야 한다고 생각했습니다. 그는 『우리 선조들』에 부비에 가문은 "프랑스 알프스 부근의 유서 깊은 퐁텐 가문이다"라고 기록했죠.

학 생   부비에 가문을 프랑스 귀족 후손으로 둔갑시켰다는 말씀이세요?

상속자   그런 셈이죠. 족보 속 부비에 귀족 가문은 직계 조상이 아니었습니다. 진짜 부비에 가문은 1815년 프랑스에서 미국 필라델피아에 정착한 가구 제작을 하는 상인 미셸 부비에의 후손이었죠. 나폴레옹 황제의 형도 이 가게의 고객이었고. 존은 여기서 영감을 받았는지, 선조가 루이 14세로부터 직접 기사 작위를 받았다고 주장했습니다.

학 생 흥미로운 이야기네요. 자신들의 역사를 새롭게 썼잖아요. 실은 귀족이 아니라 상인의 후손이었고요!

상속자 부비에 가문의 시조는 버노 가문의 딸과 결혼해 프랑스 혈통을 강화했죠. 족보에는 버노 가문도 "프랑스 푸아투 지방의 유서 깊은 가문"이라 기록되어 있습니다. 하지만 그 증거는 어디에도 찾아볼 수 없어요.

학 생 하하, 처가도 실제 귀족 같지는 않군요!

상속자 그렇죠. 가공의 족보를 만들어 내는 건 성공한 미국 이민자들 사이에서 인기 있는 전통이었습니다. 존이 자신과 열 명의 손자들을 위해 새로운 역사를 자신들의 출신 배경으로 꾸며 낸 일도 그리 낯선 일이 아니었죠. 부비에 가문이 미국의 일류 가문이 아니라는 사실은 무의미했습니다.

학 생 결국 할아버지가 조작한 족보는 자기 세대에서 겪은

한계를 대물림하지 않겠다는 의지가 담겨 있던 것이 군요. 단순히 계층 상승의 꿈 때문이 아니라.

상속자 당시 비非와스프에 대한 차별이 심했는데, 특히 아일랜드인과 유대인의 상황은 더 안 좋았죠. 같은 백인이라도 백인 취급을 받지 못했으니까요. 그런데 재클린에게는 아일랜드인의 피가 더 많이 흐르고 있었습니다. 부비에라는 성이 프랑스적인 분위기를 풍겼을 뿐이죠. 그럼에도 그녀는 할아버지가 들려준 대로 자신이 특별한 가문 자손이라고 믿었어요. 그리고 실제 가문이 어떤지는 논점 밖이 되었죠.

학 생 선생님의 말씀을 들으니 왜 꿈을 가져야 하는지에 대해서는 아무도 가르쳐 준 적이 없어요. 누구를 위한 꿈이어야 하는지도. 재클린 할아버지의 꿈은 비록 나는 한계에 부딪혔지만 후대의 누군가는 억압으로부터 자유로워지길 바라는 책임감에서 출발했다는 생각이 나는데요.

상속자 재클린이 진짜 상속자가 된 이유죠. 나 자신의 안위만을 위해서 살아가지 않으며 모두를 위해 큰 꿈을 꿀 수 있는 책임감 있는 사람으로 자란 것. 자신의 특권을 넘어서서 약자를 돌보고 차별 없는 세상을 만드는 데 앞장서겠다는 꿈을 꾸게 된 것.

학 생   모든 꿈은 계층 상승의 꿈이라는 말과도 연결되는군
        요?

상속자 그렇죠.

가짜 상속자

학 생   그럼 가짜 상속자란 뭔가요?

상속자 가짜 상속자는 자신이 물려받은 것을 타인과 함께
        성장시키는 데 사용하지 않습니다. 외모와 사회적
        배경이 좋다 하더라도 가짜 상속자에게는 감당할 수
        없이 무거운 왕관의 무게일 뿐이죠. 그 무게에 짓눌
        려 자신을 제대로 다스리지 못하기 때문에 즉흥적이
        고 무책임합니다.

학 생   아…… 저도 가짜 상속자네요. 여태껏 제 욕구가 채
        워지지 않는 데에만 치중했거든요. 아무리 애써도
        달라지지 않는다고 생각하면 아무것도 하고 싶지 않
        아요. 노력이 무의미하게 느껴져서요. 꼭 가고 싶은
        대학을 목표로 열심히 공부했어요. 그런데 TV에서

부정 입학 사건을 보면 공부를 포기하고 싶어져요. '너희 아버지 뭐 하시니?'라는 질문에서는 배경도 능력이라는 냉소가 느껴져요. 돈도 실력이고, 능력 없으면 부모님을 원망하라는 말에 분노하죠. 그래서 노력 자체를 비판하게 돼요.

상속자 　맞아요. 나도 그런 말에 상처받고 분노해요. 하지만 그럴수록 스스로를 다스릴 줄 알고, 자제력을 키워야 하는 합니다. 오직 그것이 그대가 물려받은 유산을 제대로 활용할 수 있는 길입니다.

학 생 　그런가요?

상속자 　존 버노 부비에에게는 아들 둘이 있었는데, 모두 알코올중독으로 생을 마감했습니다. 장남은 재클린의 아버지 잭이었고, 차남인 버드는 서른여섯에 요절했죠. 작은아버지는 재클린이 태어난 해에 돌아가셨어요.

학 생 　두 분 모두 알코올 중독이었다니, 충격적이에요.

상속자 　가슴 아픈 사연이죠. 존은 첫째 아들 잭과 트러블이 많았습니다. 그 둘의 닮은 점은 오직 생김새뿐이었죠. 존은 열여섯 살에 컬럼비아 대학교에 입학한 수재였고, 스물두 살에 뉴욕 사법고시를 패스했어요. 졸업 후에는 기업 변호사로 뉴욕에서 이름을 날렸죠. 그는 모임을 좋아해서 각종 위원회장을 도맡아 했습니다. 1889년이 되자 부비에 일가는 전국 명문가 명단에 오르기도 했죠. 하지만 그가 일군 부와 명예는 자식들에 의해서 무용지물이 되고 말았습니다.

학 생   안타깝네요. 어쩌다가요?

상속자   존은 대법원 판사 벤자민 칼도조로부터 "뉴욕에서 가장 뛰어나고 실력 있는 변호사"라는 평을 들었죠. 아들 잭은 법조계 실력자인 아버지와 자신의 허접한 인생을 비교하며 점차 예민해졌어요. 그는 독한 술과 빠른 말, 예쁜 여자만 좋아했죠. 늘 잘난 아버지에게 열등감을 느꼈어요. 자신이 진정으로 무엇을 물려받았는지 알고 싶어 하지 않았죠. 정신적 유산은 성가시고 귀찮은 것이었어요.

학 생   그래서요?

상속자   필립스 엑세터 기숙학교에 다니던 시절에는 도박을 하다가 퇴학을 당했죠. 성인이 되어서도 여전히 주식과 경마에 푹 빠져 살았습니다. 지적이거나 문화적 소양을 갖추는 일에는 전혀 관심이 없었고 학교 성적도 형편없었고. 잭에게는 부모님을 원망하는 마음만 있었어요.

학 생   어떻게 그럴 수가 있죠?

상속자   정말 그랬어요. 아들을 못마땅하게 여긴 존은 고함을 치면서 상속권을 박탈하겠다고 협박했습니다. 부자 사이가 일찌감치 틀어질 수밖에 없었죠. 그는 장남을 잭이라 불렀는데, 잭은 어릴 때부터 꿈도 야망도 없어서 주위 어른들을 걱정시켰습니다. "안타깝게도 잭은 아버지의 지능을 새 모이만큼만 물려받았다." "잭 부비에는 IQ가 제로인 것 같다."라고 지인은 말했죠.

학 생   저런! 말이 좀 심하네요.

상속자   잭은 사실 많은 혜택을 누리고 있었지만 깨닫지 못했죠. 아버지가 일군 것들은 그에게 버거운 짐일 뿐이었어요. 그는 평생 노력해도 아버지를 넘어설 수 없을 거라고 생각해서 일찌감치 포기해 버렸죠. 아니, 사실은 알려고 하지도 않았다는 게 맞을 거예요. 그리고 아버지의 명예보다는 삼촌의 재력을 부러워했어요. 아버지가 공부는 좀 못했더라도 돈이 더 많았으면 좋겠다고 소망했죠.

학 생   재클린의 아버지는 무슨 일을 했어요?

상속자   잭은 월스트리트 주식 중개인이었어요. 대학 졸업

후 삼촌의 증권사에 입사했습니다. 특권의식에 젖어 후광효과를 누리는 데 혈안이 되어 있었죠. 이십 대 중반에 삼촌에게 빌린 돈으로 뉴욕증권거래소 멤버십을 매입했어요. 하지만 도박꾼 기질을 버리지 못하고 위험천만한 투기를 즐겼어요. 한창 주식 시장이 달아오르고 있으니 문제될 것이 없다고 생각했죠. 실제로 1926년부터 1929년 사이에 주식 거래량은 300% 증가했어요. 번 돈은 들어오는 대로 즉시 소비했습니다.

학 생　그럼 잭이야말로 부모의 직업, 재력, 인맥까지 갖춘 상속자 아닌가요?

상속자　그렇게 볼 수도 있겠죠. 검게 그을린 피부와 잘생긴 외모 덕분에 친구들은 그를 '검은 교주'라고 불렀어요. 즐겨 하던 블랙잭이란 카드 게임에서 얻은 '블랙잭'이란 별명도 있었습니다. 잭을 처음 본 사람들은 당대 할리우드 최고 스타였던 클락 게이블로 자주 착각했으니까요. 어쨌든 잭은 혈연 덕분에 먹고살 걱정은 없겠다고 확신했어요.

학 생　그런데요?

상속자　재클린이 태어나고 두 달 후인 1929년 10월, 부비에 가문 몰락의 전조가 될 사건이 벌어졌어요. 먼저 10월 8일, 재클린의 작은 아버지이자 잭의 동생인 버드가 술에 찌들어 살다 사망했습니다. 세계 1차 대전에 참전했던 그는 이혼 후에 홀로 지내다 어린 아들 미슈를 잭에게 맡기고 세상을 떠났죠. 알코올중독이라는 사망 원인과 전 부인에게 양육비를 지급하지 못했던 궁핍한 생활 때문에 공개적인 창피를 당했어요. 부비에 가문은 큰 수치심을 느꼈죠. 그로부터 8일 후, 주식시장이 붕괴되는 대공황Great Depression[4]으로 잭은 재산 대부분을 잃었어요.

학 생 아버지는 가짜 상속자, 딸은 진짜 상속자라니 아이러니하네요. 같은 존 버노 부비에의 핏줄로 태어났는데 아버지는 특권의식을, 딸은 상속자 정신을 선택했다는 점에서요.

상속자 그렇죠. 아버지는 물질적으로 훨씬 풍요로운 환경에서 태어났음에도 불구하고 가짜 상속자가 되었습니다. 그의 행동에는 겸손함이라고는 찾아볼 수가 없죠. 그러니 왕관의 무게에 짓눌려 자신의 인생을 주

---

4 1929년 미국을 시작으로 세계를 강타한 경제 공황 현상을 이른다. 검은 목요일로 알려진 월스트리트 대폭락으로 촉발되었다. 기업의 줄이은 도산과 대규모 실직 사태가 일어나 서구 자본주의 체제를 뒤흔든 사건으로 평가된다.

체적으로 이끌기보다는 순간의 쾌락에 치중했습니다. 아버지 덕분에 집안이 망한 딸은 물질적으로는 불안정했어도 진짜 상속자가 되었습니다.

학 생 ……그래서 할아버지의 정신적 유산은 손녀에게는 자신의 재능과 능력을 발휘하는 데 사용되었군요.

상속자 재클린의 마음에는 겸손이 일찍이 자리 잡았기 때문에 자신이 물려받은 것을 '알아보는' 안목이 생겼습니다. 설령 그것이 눈에 보이지 않는 가치라 하더라도.

학 생 그것을 알아보면 책임감이 생기나요?

상속자 그럼요. 지켜야 하니까.

학 생 지켜요?

상속자 내가 물려받은 것을 지키고 보호하려는 마음에서부터 책임감이 나옵니다.

타고난 계층은 경쟁하는 것이 아니다

학 생 부비에 가문이 몰락했다면 재클린은 상속받은 재산이 없었겠네요?

상속자 재클린이 잘살았던 건 어릴 때 잠깐이었고 학창시절부터 돈에 대한 불안을 자주 느꼈습니다. 따로 사는 아버지가 학비를 대주지 못할까 걱정했죠.

학 생 저처럼 스스로 미래를 열어야 했네요.

상속자 여동생 리에게도 어린 시절은 유복했지만 짧았어요. 언니와 마찬가지로 그 시절이 가장 행복했지만 너무 빨리 사라진 시간이었죠. 그때는 삶이 단순했습니다. 어떤 복잡함도, 혼란, 상처, 아픔도 자매의 인생에 들어오기 전이었으니까요.

학 생 그 후로는 복잡하고 혼란스러워지고 상처와 아픔만 가득했다는 것 같아서 안타까워요.

상속자 재클린은 결코 잊을 수 없었습니다. 외출할 채비를 마친 부모님이 자신의 침실로 들어왔던 것을. 그때 자신에게 굿나잇 키스를 하려고 몸을 굽힌 엄마의 향수와 모피 코트의 부드러움을 느꼈죠. 엄마는 상기된 목소리로 '사랑하는 내 딸, 우리는 센트럴파크 카지노에서 에디 두친을 들으면서 춤을 출 거야'라고 속삭였죠. 그 순간의 기억은 재클린에게 긴 세월 머물러 있었습니다. 아마 부모님이 함께 있는 모습을 본 몇 안 되는 기억이기 때문일 거예요.

학 생 아주 낭만적이네요.

상속자 그렇죠?

학 생 좋은 기억만 남기는 것도 신비로운 힘인 것 같아요. 그 후 힘든 일들의 연속이라도요. 세상을 비관적이 아닌 낭만적인 해석으로 보라는 말씀이시네요. 그게 진짜 상속자들의 비밀 아닐까요?

상속자 맞아요. 상속자 정신은 기꺼이 베들레헴의 별과 같은 역할을 할 거예요. 어떠한 난관과 역경이 우리 앞에 닥쳐도 새로운 운명으로 우리를 인도하죠.

학 생 ……제가 운명의 주인이라는 기분이 들어요!

상속자 인간은 운명의 노예가 아니에요. 중요한 것은 통제할 수 없는 운명 뒤에 숨어 핑계 대지 않는 태도이죠. '나는 집안 배경이 좋지 않아서 사회적 약자가 되었다'라는 사고에서 벗어나려면 어린 시절과 집안 배경을 낭만적으로 해석하면 됩니다.

학 생 낭만적으로 해석하라?

상속자 나의 성장 환경에 어떠한 의미를 부여할 것인가는 전적으로 '주인인 나'의 선택이에요.

학 생 '주인인 나'의 것이라고요?

상속자 재클린은 불행이 닥치면 마음에서 말끔히 몰아내

거나, 혹은 더욱 로맨틱한 것으로 각색하여 인식했
죠. 이를테면, 아버지의 음주 문제를 단지 극도로 사
교적이었다고 생각하는 것이었죠. 그녀의 실제 집
안 배경은 밖에서 보이는 것과 일치하지는 않았지
만, 좋은 환경에서 사랑받고 자랐다는 낭만적인 믿
음은 마음속 깊이 뿌리박혀 있었습니다.

학 생   하지만 아름답게 포장하는 기술이 뛰어나다고 해서
현실이 달라지지는 않잖아요. 본인에게 불리하거나
나쁜 상황을 왜곡한다면 자기 위로밖에 안 되는걸
요. 현실을 직시하는 것도 필요하다고요.

상속자   이것은 미학적인 문제라기보다 생존의 문제입니다.
인간은 누구나 고통을 견뎌 내는 탁월한 재능을 갖
고 태어나죠. 낙관적인 감성을 길러 나가는 것도, 상
상력을 통해 자신이 원하는 대로 세상을 바라보는
것도 포함돼요. 우리는 낭만적인 해석을 통해 영웅
이 되기도, 비관적인 해석을 통해 삶을 포기하기
도 합니다.

학 생   하지만 아직도 완전히 이해가 안 돼요. 재클린은 유
복한 환경에서 지낸 만큼 가세가 급격히 기울었을
때 박탈감을 심하게 느꼈을 텐데요. 이런 상황에서

는 누구나 불만과 불안이 솟구치지 않을까요? 어떻게 자신에게 닥친 상황을 낭만적으로 해석할 수 있어요?

상속자 그럴 수 있죠. 하지만 그녀에게는 어릴 때부터 '모르는 척하기'라는 신비로운 능력이 있었습니다.

학 생 모르는 척이요?

상속자 모르는 척하기는 문제를 회피하거나 외면하는 것과는 달라요. 자신이 알아야 하는 것에만 집중하는 것이죠. 성공한 삶이란 내 인생에 집중할 것들에 대해 알아 가는 과정의 연속입니다. 굳이 알지 않아도 되는 것들에 지나치게 연연하지 않는 겁니다. 재클린은 자신이 원하는 것만 자신의 인생에 허용했어요. 원하지 않는 것은 무시해 버리는 놀라운 능력이 있었습니다. 그녀의 명성이 상상할 수 없을 정도로 커져 갈 때도 마찬가지로 이를 적용했어요. 그녀 자신도 인정했죠. "만약 불쾌한 일이 생기면 나는 그것을 차단해 버린다. 나는 이런 메커니즘으로 행동한다."

학 생 언제부터 재클린에게 그런 능력이 생겼을까요?

상속자 부모님의 이혼은 진흙탕 싸움이었죠. 이때부터 그녀는 듣고 싶지 않은 말을 차단하는 힘을 길렀어요. 비가 내릴 때 쓰는 우산처럼, 고통이 자신에게 들어오지 못하도록 막았죠. 모르는 척하기는 그녀의 인생 전반에 크게 도움이 되었습니다.

학 생   차단하는 능력이라……. 어떤 일이 생겨도 나를 보호해 줄 것 같아요. 세상에서 가장 튼튼한 우산을 쓰고 있는 기분이겠죠?

상속자   리는 언니가 아픔을 무시할 수 있는 능력이 생겨서 다행이라고 생각했어요. 열 살 때부터 스무 살때까지 부모님이 서로 얼마나 끔찍한 인간인지 비난하는 말만 듣고 자랐거든요. 고장 난 음반처럼 되풀이하니 애써 모른 척했죠. 리는 스위치만 켜면 전혀 들리지 않는 것처럼 행동할 수 있는 언니가 부러웠습니다.

학 생   저도 배우고 싶어요. 전등 스위치를 켠다고 생각하는 건가요?

상속자   맞아요. '모르는 척'의 스위치를 켜면 부정적인 말들이 자연스럽게 차단되는 효과가 나타나는 겁니다.

학 생   정말 그런 게 있다면 전 그 스위치를 여태 꺼놓았던 것 같아요. 그러다 보니 긍정적인 생각이 들어설 공간이 없고 매사 부정적인 말들에 휩싸였죠.

한 사람의 성공은
온전히 개인의 능력과 노력만의 산물이 아니라
과거로부터 축적된 자산을 물려받아 꽃핍니다.

상속자 어머니는 파산한 아버지가 바람까지 피우자 분노했어요. 변호사의 전략대로 남편의 내연녀 사진을 전국 신문에 실었죠. 곧 "유명 증권중개사 이혼 소송 당하다"라는 제목의 기사가 쏟아졌어요. 어머니가 원하던 대로 아버지는 만신창이가 되었지만, 잔인한 복수의 대가는 딸들이 치러야 했습니다. 재클린과 리는 인형처럼 이쪽저쪽 끌려 다녔죠. 부모님이 이혼 소송에 딸들을 끌어들여 서로 자신의 편에 서게 조종했거든요.

학 생 가슴 아픈 이야기예요.

상속자 재클린에게 가슴앓이는 혼자만의 것이었지만, 창피는 공개적인 것이었습니다. 고작 아홉 살에 학교에서 따돌림을 당했죠. 아이들이 보기에는 신문에 실리는 사람은 아주 나쁜 사람이었으니까요. 반 친구들이 놀려 먹기 딱 좋은 먹잇감이었어요.

학 생 그 나이에 먹잇감이 되다니, 너무해요!

상속자 그런 상황은 운명을 개척하겠다는 재클린의 의지를 오히려 부채질했습니다. 할부지 잭의 별장이 있는 이스트햄튼에서의 마지막 여름방학은 슬픈 시련이었고. 가련한 재클린은 승마장에서 대부분 시간을 보냈어요. 엄마를 잃은 아기 고양이처럼 헤매며 마부들이랑만 얘기하고 말들에게 관심을 쏟았죠. 자신이 지어 낸 상상의 세계에 있었고, 현실과는 수천 미터 동떨어져 있었습니다. 그녀를 알았던 아이들 대부분 한마디씩 속을 갉아먹는 말을 했지만 그녀는 듣고 싶지 않은 것은 듣지 않았어요. 꼬마 치고는 투지가 대단했죠.

학생이 꿈꾸는 삶은 더 나은 미래를 여는 진정한 상속자의 삶이었다. 지금 상황이 영원하리라 믿으며 노력하지 않는 삶이 아니었다. 가짜 상속자로 산다는 건 생각만 해도 끔찍했다. 물려받는 것에 안주하며 사는 삶이라니. 그들처럼 나태와 무기력함의 노예로 살고 싶지는 않았다. 상속자는 어린 시절과 집안 배경을 낭만적으로 해석하라고 했다. 그 설명을 곱씹어 보자 놀라운 결론에 도달했다. 로맨틱하게 각색한 새로운 배경이 나에게 주어지는 것 아닌가? 난 운명의 노예가 아닌 주인이 되는 것이다!

구분하는 사람은 오만한 사람

학 생   그런데 말이죠, 제게 남는 의문이 있어요. 재클린이
금수저라는 인상을 지울 수가 없거든요. 어릴 때부
터 승마를 배웠고, 부모님의 이혼 소식이 신문에 날
정도라면 어느 정도 사회적 지위가 있다는 거 잖아
요. 물려받을 게 없더라도 이미 부자처럼 보여 차별
을 겪는다 한들, 저처럼 운명에 대해 치열하게 고민
할 이유가 있었을까요? 그런 그녀가 다시 태어나고
싶은 제 마음을 이해할 수 있겠어요? 과연 제가 배
울 게 있을까요?

상속자   그럼요. 반드시 그녀여야만 하는 이유가 있습니다.
재클린을 통해 우리가 쉽게 접근할 수 없는 미국 상
류 계층을 면밀히 들여다볼 수 있기 때문이죠. 그 세
계로 들어가야만 상속자 정신의 비밀을 밝혀 낼 수
있습니다.

학 생   상류 계층이요?

상속자   그들이야말로 숨어 있는 계급이죠. 왜 그들이 눈에
보이지 않는지는 차근차근 설명할게요. 부자건 가
난한 사람이건 국민 모두가 코카콜라와 햄버거를

먹는 미국에서 계급은 일종의 금기어로 볼 수 있습니다. 금기어를 쉽게 내뱉으면 사회의 따가운 눈총을 받겠죠. 자신의 계급을 묻는 설문조사에 응한 어떤 미국인은 '내가 들어 본 말 중 가장 더러운 말'이라고 불쾌해하거나, 계급이란 말 자체를 없애 버려야 한다고 화를 냈어요. 오늘 우리가 나눈 대화는 이 금기를 깨는 측면이 있습니다.

학 생 금기를 깬다니, 왠지 두근거리는데요?

상속자 이혼 후, 어머니는 딸들을 데리고 재클린이 다니는 채핀 스쿨 근처 뉴욕의 작은 아파트로 짐을 옮겼어요. 학교는 부잣집 딸들로 가득했고 대부분 와스프 출신이었죠. 열한 살이 된 재클린은 그해에 소설 『바람과 함께 사라지다』를 세 번 읽었습니다. 정신무장이라도 하듯 여주인공 스칼렛 오하라의 좌우명 "난 뒤돌아보지 않아"를 자신에게 적용하기 시작했죠.

학 생 난 뒤돌아보지 않아……. 뭔가 비장하군요.

상속자 천진난만했던 이스트햄튼 시절은 과거 속으로 사라지고, 앞으로 인생 대부분을 보내게 될 뉴욕이 집중해야 하는 무대가 되었죠. 그러나 그때 당시 뉴욕은 와스프가 지배하고 있었습니다. 비로소 '계급투쟁

class struggle'의 장으로 들어서게 된 겁니다.

학 생   계급투쟁이요?

상속자   칼 마르크스는 "인간의 모든 역사는 계급투쟁의 역사다"라고 말했습니다. 신분이나 지위가 세습되는 제도가 없는 미국에서는 평등의 신화에 가려져 계급 구조가 있다는 사실 자체를 간과하게 되죠. 하지만 사회 구성원 모두가 평등하다는 환상을 심어 줄수록 사회적으로 인정받고 존중받기 위한 계급투쟁은 더욱 치열해집니다. 그래서 재클린을 통해서 불평등을 보여 주고자 하는 거죠.

학 생   저는 지금까지 미국에는 계급이 존재하지 않는다고 믿었어요. 어느 사회에서나 계급은 존재하는군요.

상속자   미국인들 자신도 그렇게 생각할 거예요. 계급투쟁은 돈을 더 벌기 위해서가 아니라 존경을 얻기 위해 싸우는 거라고 볼 수 있어요. 높은 계급일수록 존경받기가 수월해지고요. 그래서 모두가 물밑에서는 남들로부터 존경받는 방법을 고심하죠.

학 생   돈을 많이 벌고 싶다는 욕망은 이해해요. 그런데 왜 존경까지 받으려고 하나요?

상속자   타인으로부터 존경받고자 하는 욕망은 굶주림에 버금가는 자연적 욕망이에요. 우리 사회에서 보상은 타인의 존경과 감탄이고, 징벌은 무시와 경멸이죠. 세상의 무시와 경멸은 통풍이나 결석에 비견되는 고통이라는 말도 있으니까요.

학 생   타인의 존경과 감탄을 보상으로 받는다? 하긴, 아무리 재산을 창고에 쌓아 놓는다 한들, 남들로부터 천박한 졸부라는 비난을 들으며 행복한 부자는 드물겠죠?

상속자   그래요. 채핀 스쿨은 재클린이 처음으로 목격한 불평등한 사회의 축소판이었죠. 교훈은 용감하고 올바르게 전진하라고 내걸었지만, 실상은 튀지 않게 눈에 띄라는 거였죠.

학 생   튀지 않으면서도 눈에 띄라? 어쩐지 모순적이에요. 다름을 인정하지 않는다는 의미 같기도 하고요.

상속자   재클린은 오랜 가문의 종교와 문화 권력에 대한 학생들의 무조건적인 존경심을 확인했어요. 채핀 스쿨에서의 하루는 단정한 교복 차림의 학생들이 대강당에 모여 아침 기도를 하는 것으로 시작했죠. 성공회 주기도문을 외우고 성경 구절을 암송했어요. 그러면 상급생이 독서하고 공지사항을 발표했죠. 이어 피아

노 선생님이 연주를 하면 장단 맞춰 군대식 행렬로 빠져나갔고요. 학교 분위기는 개신교가 압도적이었죠. 반에 한 명, 혹은 두 명 정도만 가톨릭이었고 유대인은 더 적었어요. 드러내 놓고 유대인 성을 가진 학생은 아예 없었고요.

학 생   드러내 놓고 유대인 성을 가진다는 게 무슨 뜻이에요?

상속자   유대인은 무시와 경멸의 대상이었기 때문에, 대다수의 유대인 학부모들은 입학 전에 자녀의 성을 바꾸었어요. 재클린을 자신들과 다르게 보는 시선은 채핀 스쿨 때부터 생겨났습니다. 1944년 가을, 열다섯 살이 되어 코네티컷 파밍턴에 있는 미스 포터스 스쿨에 입학했을 때도 따라다녔죠. 초등학교 때처럼 와스프 집안 딸들이 터줏대감이었어요. 독실한 가톨릭 신자였던 재클린이 가톨릭 전례에 따라 매주 금요일 금식을 하려 하면 친구들이 그녀를 놀렸습니다. 자신들이 다니는 교회에 나타나지 않는다고. 집단에서 떨어져 혼자 세인트 패트릭 성당으로 가는 그녀를 자신들과는 좀 다른 아이라고 생각했죠.

학 생   자신들과 다르게 바라보는 차가운 시선을 느꼈을 것 같아요. 그게 두렵지 않았을까요?

상속자 　그런 시선 따위는 못 본 체하고 일요일마다 할부지 부비에랑 성당에 가고, 주중에는 세 차례 수녀원 신앙 교리 수업에 출석했어요. 동급생들의 시선에 휘둘려 자기 자신을 잃어버릴 수도 있었지만, 재클린은 알았습니다. 구분하는 사람이 잘못한 것이고 자신은 잘못 태어난 게 아니라는 것을.

학 생 　구분하는 사람이 잘못한 것이라고요? 구분당하는 사람이 잘못 태어난 것이 아니라?

상속자 　맞아요. 대다수의 사람들이 구분하는 사람이 옳다고 생각했던 것은 사회적 분위기 때문이었습니다. 반대로 구분당하는 사람이 잘못했다고 생각했던 것 또한 사회적 분위기 때문이죠.

학 생 　사회적 분위기요?

상속자 　그때부터였습니다. 재클린이 꿈꾸기 시작한 시점이요. 그녀는 구분하는 사람이 잘못한 것이며, 구분당하는 사람에게 잘못이 없다는 것을 증명하겠다고 다짐했어요. 그러기 위해서 사회를 바꾸겠다는 꿈이 생겼죠.

학 생 　…… 음. 이런 경우는 어떨까요? 마침 제가 겪었던 일인데요.

상속자　네, 말해 봐요.

인간은 차별을 기뻐한다

학 생　친구 중에 부잣집 딸이 있어요. 같은 학생인데 명품
가방부터 옷과 구두까지 갖고 있죠. 화장품도 고급
브랜드만 쓰고요. 얼마 전 친구의 어머니 덕분에 백
화점 명품관 행사를 처음으로 가보았어요. 먼저 도
착한 저는 구경하고 있었죠. 직원들은 저를 거들떠
보지도 않았어요. 오히려 진열된 상품을 만질까 봐
감시하듯 절 바라보았어요. 그런데 친구와 어머니가
모습을 드러내는 순간 상냥한 미소로 안부를 물으며
안내하더라고요. 옆에 있는 저는 투명 인간 취급을
받는 것 같았죠. 존중받지 못하는 제가 무력한 존재
같아서 서럽고 쓸쓸했고요. 시원하게 거금을 투척하
고 극진한 대우를 받는 상상도 해보았어요. 친한 친
구인데도 출발선이 다르니 내가 노력한들 따라잡을
수 없겠다는 생각으로 기분만 상했어요.

상속자 저런, 그랬군요.

학생 구분 짓는 직원의 태도 때문에 그 상황이 너무 불편했죠. 제게 어울리지 않는 자리에 온 듯 어색했어요. 물론 저는 계급이 있다고 말하기는 싫어요. 하지만 비슷한 백그라운드의 사람들과 있을 때 더 편할 수도 있겠다는 생각은 했어요.

상속자 비슷한 백그라운드요?

학생 드라마를 보면 재벌가의 며느리가 된 여자가 다른 사람들이 영어나 불어로 얘기해서 알아듣지 못한다거나, '우리 유학할 때 갔던 거기'라는 대화에 전혀 끼어들지 못할 때 계급의 존재를 실감하잖아요. 그런 집단 구분은 사실 눈에 보이거나 손에 잡히는 것이 아니라서 명확히 증명해 낼 방법은 없어요. 하지만 누군가와 이야기하면서 편안함을 느낀다면 적어도 같은 계급의 사람과 이야기하고 있는 게 아닐까요?

상속자 이해해요. 당신이 다녀온 명품 매장이 계급을 판매하는 곳이란 생각이 드네요.

학생 그래서 문득 궁금했죠. 내 노력의 가치는 어디에 있을까?

상속자 유한계급론을 비유로 들어 설명할게요.

학 생 유한계급론이요?

상속자 재클린 시대에는 소스타인 베블런^{Thorstein Veblen5}의
유한계급론이 있었는데, 그녀는 그것을 전면 부정했
죠.

학 생 수저계급론과 유한계급론이라, 비슷하게 들리긴 하
네요. 그게 뭐죠?

상속자 유한계급^{leisure class}은 노는 계급, 한가롭게 여가를
즐기는 계급을 의미해요. 축적된 자산이나 세습된
부를 통해 따로 육체노동을 하지 않아도 되는 부유
층이죠. 이들은 자신의 지위를 과시하기 위해 노력
하지 않아도 되는 삶을 보란 듯이 전시하죠.

학 생 노력하지 않아도 되는 삶이요?

상속자 유한계급은 소위 벼락부자들이었어요. 사회적 윤
리 의식이 희박하고, 도덕적으로 타락한 날강도나
다름 없는 자본가들이었죠. 이들은 1800년대 말 급
속한 자본주의의 발전과 제국주의 식민지 경제를 통
해 재산을 축적했어요. 산업화와 1차 세계 대전을 거
치면서 시대적 수혜를 입었죠. 이들은 혼란한 틈새

---

5 미국의 사회학자, 경제학자. 베블런 효과(Veblen Effect)를 정립했다.

에 노동 착취, 정치 권력과의 결탁, 시장 독점을 해왔고, 자손들에게 경제력과 재산을 넘겨주는 부의 세습 과정을 거쳐 상류층으로 신분 상승을 꾀했어요. 우월한 사회적 지위를 확보한 이들에게 꿈꾸는 것은 거추장스러운 일에 불과했죠. 꿈을 이루기 위해서는 노력해야 하니까요.

학 생 아, 어떤 태도인지 알겠어요. 그러니까 '난 꿈을 가질 필요가 없어. 꿈을 가진 너희가 열심히 날 위해 일할 거니까.' 이런 의미죠?

상속자 그래요. 자신은 노력할 필요가 없다고 보여 주는 것을 '잉여로움의 과시'라고 해요.

학 생 더 자세히 설명해 주세요.

상속자 베블런은 인간의 경쟁은 자존심을 잃고 싶지 않다는 감정에서 비롯된다고 보았어요. 인간은 동료들과의 비교를 통해 자신의 가치를 평가하고, 누구도 여기서 벗어날 수 없다고요. 따라서 '고귀한 나는 너희들과 달리 땀 흘려 일하지 않아도 된다'라는 식의 잉여로움의 과시는 경쟁에서 쉽게 유리한 위치를 점하는 방법이라고 설명했어요.

학 생 와, 진짜 듣기만 해도 기분이 상하네요. 너무 오만하잖아요.

상속자 하지만 노력의 가치를 한 번에 깎아내리는 데는 이만한 수단이 없죠. 아랫사람들이 자신들을 모방해 똑같이 노력하지 않아야 자신들의 자리를 보전할 수 있으니까요. 그들에게 가장 두려운 것은 올라오려고 악착같이 꿈꾸는 사람들이었어요.

학 생 그렇다면 재클린도 노력하지 않는 삶을 선택했다면 오히려 상류 계층에 쉽게 편입되지 않았을까요?

상속자 분명 그랬겠죠. 이스트햄튼, 뉴포트 등 상류층의 놀이터라 불리는 고급 휴양지는 소녀일 때부터 그녀를 둘러싼 세계였어요. 이런 장소들은 부유층의 잉여로움의 과시를 보여 주지만 재클린의 꿈까지는 지배하지 못했죠. 십 대 때 재클린은 곡예 그네를 타는 젊은 남자와 결혼한 서커스 퀸으로 인생을 마감하게 될지도 모른다고 걱정했습니다. 그것은 유한계급 부인의 삶을 의미했죠.

학 생 아, 뭔지 알아요. 지금도 그런 삶을 충분히 엿볼 수 있거든요. SNS 세상 속 그들의 삶은 말 그대로 여유가 넘쳐흘러요. 그런 모습이 부러워서 포스팅을 매일 구경하고 핸드폰에 사진을 따로 저장해서 보기도 해요.

저의 상상력을 자극하는 삶은 호화스럽고 영예롭죠. 유한계급 부인의 삶에 노동은 존재하지 않는 듯해요. 그 일은 비용을 지불하고 고용한 누군가의 업무일 테죠.

상속자 　재클린은 오히려 그런 세계를 수녀원처럼 격리된 좁디좁은 세계라고 표현하며 벗어나고 싶어 했습니다. 현재에 만족하며 하릴없이 시간을 낭비하는 것은 그녀에게 상상할 수도 없는 삶이었죠. 그것은 생존 전략이나 마찬가지였으니까요.

학 생 　생존 전략이요?

상속자 　외적으로 그렇게 보이지 않을지라도 재클린은 아웃사이더였죠. 와스프는 그녀에게 자신들의 잣대를 들이댔고, 꿈꾸는 그녀를 위협적으로 바라보고 비난했어요. 그리고 자신들처럼 여유가 없어 보이는 그녀를 무리에 끼워 주지 않으려고 했죠. 재클린은 일찌감치 그들의 일부가 될 수 없다는 것을 알았고 진정한 소속감을 느낄 수도 없었어요. 꿈꾸는 습관은 이때부터 생겨났습니다. 그녀는 필사적으로 더 큰 꿈을 꾸기 시작했고 한가롭고 여유가 넘치는 삶을 부러워하기보다 치열하게 노력했죠.

학 생　그렇다면 비슷한 백그라운드 사이에서도 동떨어진 느낌을 받았겠어요.

상속자　맞아요. 내성적인 성격과 수줍음 때문에 학교 선생님이나 친구들 중 그녀가 얼마나 상처받았는지를 제대로 아는 사람이 아무도 없었죠. 처음에는 부모님의 이혼과 종교로 타인들과 분리되어 있다고 느꼈어요. 그다지 곱지 않은 편견 속에서 자란 재클린은 평생 차별당하는 느낌을 절대 잊지 않았어요. 너무 고통스러워서 일기조차 쓸 수 없었다고 했으니까요. 그녀에게 꿈꾸지 않아도 되고, 노력하지 않아도 되는 삶은 사치에 불과했어요. 부드럽고 여성스러운 망토에 감춰져 있었지만, 그녀에게는 굉장한 통제력, 집중력, 지성이 있었죠. 그런 자기 자신을 알았던 재클린은 큰 꿈을 꾸겠다고 결심했어요.

학 생　흐음…….

상속자　중요한 건 지금부터예요. 인간은 차별을 기뻐합니다. 그건 인간의 본성이죠. 그러나 그래선 안 됩니다. 그것 또한 누구나 아는 사실이죠. 하지만 인간의 본성이 차별로 기울기 때문에, 그것이 악이라는 사회적 합의가 필요한 겁니다.

116

학 생 글쎄요, 그렇게만 된다면 얼마나 희망적이겠어요. 하지만 전 이제 노력이 부족하다는 말은 그만 듣고 싶어요. 차라리 금수저로 태어나려는 노력이 부족했다면 모를까. 노력으로도 극복 불가능한 세상을 탈출하고 싶어요.

상속자 다시 수저계급론으로 회귀했군요.

학 생 네, 그럴지도 모르죠!

　학생이 서열 매기기 문화에 처음 충격을 받은 건 시험 성적을 붙여 놓은 벽보였다. 1등부터 100등까지 학생들을 공개적으로 줄 세웠다. 자극받아 더 열심히 공부하라는 것이 학교 측의 명분이었지만, 자존감이 짓밟힌 기분이 들었다. 학생은 학교의 억압과 차별에 분노하거나 저항하는 법을 몰랐다. 차별을 불가피한 것으로 여기고 내재화하여 자책했다. 오히려 벽보를 볼 때마다 난 왜 저기 들지 못할까 생각하며 더 잘해야 한다는 강박에 빠졌다. 대학생이 되어서는 집안 배경으로 서열을 매기는 문화가 생겼다. 이제는 난 왜 저렇게 태어나지 못했을까 좌절했다. 시대적 상황은 여러모로 다르지만, 재클린이 겪었던 억압과 차별에 감정이 이입되는 이유였다. 마침내 오래 곪은 상처가 터지고 말았다. 싸워 보겠다는 결심이 노력이란 단어 앞에서 와르르 무너졌다.

속물에게 지배받지 않는 삶

학 생 선생님, 죄송하지만 무턱대고 큰 꿈을 꾸라는 건 조
금 순진한 말이에요. 세상은 그렇게 호락호락하지
않아요. 우리는 속물들이 지배하는 세상에서 살고
있다고요. 속물들은 꿈의 크기나 가치보다는 겉으
로 드러난 단편적이고 세속적인 기준으로 서열을 매
기고, 그 서열에 따라 태도를 바꿔요. 속물근성은 무
한경쟁 사회구조가 낳은 산물이에요. 이런 사회에서
순수하게 꿈꾸고 노력한다고 성공할 수 있을까요?

상속자 이해해요. 속물들은 큰 꿈을 방해하는 장애물로 빈
번하게 등장하니까요. 그런데 속물이 어디서 유래했
는지 알아요?

학 생 아뇨.

상속자 '속물snob'이라는 단어는 1820년대 영국에서 처음
사용되었습니다. 당시 옥스퍼드와 케임브리지 외 여
러 대학은 평범한 학생을 귀족 자제와 구별하기 위

해 시험 명단의 이름 옆에 'sine nobilitate'라고 적어 놓았죠. 라틴어로 작위가 없다는 뜻인데, 이를 줄여서 's.nob'이라고 써놓았던 것에서 유래된 거예요.

학 생 그렇군요. 결국 높은 지위를 갖지 못한 사람을 가리키는 거죠?

상속자 지금은 정반대의 의미죠. 높은 지위가 없는 상대방을 차별하는 사람을 의미합니다.

학 생 왜 차별하는 거죠? 태생이나 권력을 유일한 가치의 척도로 삼기 때문인가요?

상속자 그렇죠. 속물은 사람을 오직 두 부류로 구분해요. 어울려도 되는 사람. 어울려서는 안 되는 사람. 다시 말해 자신이 속한 집단에는 '우리는 같은 계급'이라는 동일성과 소속감의 인식을 갖고 있죠. 자신이 속하지 않은 집단은 배제하고 차별하고 혐오해도 괜찮다고 생각하고요.

학 생 정말 화가 나요! 우리는 그 사람들의 태도를 통제할 수 없잖아요. 겉으로 드러나는 사회적 지위나 인정에만 집착하는 사람들이니까요. 재력 있는 부모가 평생 운명에 영향을 미치고, 집안 배경이 자신의 신분을 결정한다고 맹신하죠. 이걸 모두 갖춘 사람을 보면 떠받들기 바쁘고요.

상속자 재클린의 어머니 자넷은 부동산과 금융으로 재산을
상당히 모은 짐 리의 둘째 딸로 부족함 없이 자랐죠.
자수성가한 아버지는 딸들만큼은 와스프 세계에 어
울릴 수 있도록 좋은 학교에 보냈어요. 하지만 자넷
은 부모님이 가톨릭에, 아일랜드 이민자 후손이라
는 사실에 집착했어요. 와스프가 만들어 놓은 기준
에 미치지 못하는 집안 출신이라는 것이 괴롭기만
했죠. 그래서인지 자신의 집안이 상대적으로 초라한
가문으로만 보였어요. 부동산 개발업자로 성공한 아
버지가 지은 뉴욕의 부촌 아파트를 신혼집 삼아 공
짜로 살면서도 자신이 누리는 것들은 당연하게 여겼
고요.

학 생 흠, 물려받지 못한 것에만 집착하는 것을 보면 가짜
상속자 같아요.

상속자 그런 셈이죠. 그녀는 그들만의 리그에서 서열이 낮
은 약자라는 피해의식에 시달렸습니다. 환경이 좋건
좋지 않건, 자신의 약점이 노출되면 부당한 대우를
받을 거라고 믿었어요. 그래서 감춰야 할 것들이 많
다고 느꼈고요. 자넷은 촌스러운 아일랜드 사투리를

쓰는 외할머니를 사춘기 시절부터 부끄러워했어요. 학교 친구들이 외할머니를 보고 자기들끼리 키득거리는 것을 본 후부터였죠. 결혼을 앞두고 잭이 집을 방문했을 때도 창피당하기 싫어서 둘러댔습니다. "저 여자분은 누구셔?"라는 질문에 "아, 하녀예요." 라고 대답하고 서둘러 그를 데리고 나갔죠.

학 생 너무해요!

상속자 그녀가 느낀 억압이 일부 사실이긴 했어요. 재클린의 친가는 외가를 낮잡아보았고, 밑지는 결혼이라고 생각했어요. 잭의 어머니는 사랑하는 아들이 엉터리 가문과 결혼한다는 사실에 눈물을 흘리기까지 했죠. 자넷은 어릴 때부터 차별을 의식해 뉴욕 고급 식당에서 사교계 데뷔를 할 때도 성공회라고 종교를 바꿔 적어 냈죠. 한번은 휴가지에서 우연히 만난 남성의 이름이 아버지와 같았는데, 알고 보니 남쪽의 자랑거리이자 명망 높은 남북연합 장군 로버트 E. 리의 후손이었어요. 그때부터 자넷은 남부 지방 규수 행세를 했죠. 사람들이 그 '버지니아의 리 가문'과 친인척 관계냐고 물어보면 자넷은 부인하지 않는 걸로 대답을 대신했습니다.

학 생　하하, 부인하지 않는 걸로 대답을 했다뇨. 그러니까 속물의 시선에 자신을 맞추려고 사력을 다했군요?

상속자　자넷은 늘상 담배를 피우고 손톱을 물어뜯었어요. 속물적인 사람들의 시선에 신경을 쓰니 극도의 긴장 상태였던 거죠. 그녀는 자기가 속하고 싶은 계층의 사람이 아니라는 열등감에 내내 시달렸어요. 게다가 이상한 소문까지 돌았어요.

학 생　이상한 소문이라면?

상속자　그녀의 본래 성이 '리'가 아니라 유대인의 성인 '리바이'라는 것이었어요. 자넷의 친정이 아일랜드 가톨릭 집안도 아니고 더 미천한 유대인 집안이라는 루머가 끊이질 않았죠. 그녀는 루머가 재혼한 남편 집안 사람들에게 들어갈까 봐 분노로 펄펄 뛰었고요.

학 생　이것이야말로 속물들이 원하는 대로 완벽하게 통제 당하는 거잖아요!

상속자　그렇죠. 자넷에게 자신의 배경은 평생 숨기고 싶은 오점에 지나지 않았어요. 그녀는 사회의 억압과 차별을 내재화했고 폭력적인 성격이 되었습니다. 딸들을 자주 때리고 화내고 소리를 질렀죠. 지시를 정확히 따르지 않을 때는 독설을 퍼부었어요.

학 생　　그러면 속물들의 지배를 받지 않으려면 어떻게 해야 하나요?

상속자　속물들의 행동을 통제할 수 있는 건 나 자신의 말과 행동입니다. 그런데 '지금의 나'를 부끄러워하고 부정해 버리면 저항할 수 있는 내적 기반이 약화되죠. 그렇게 살다 보면 어느 순간 내가 누구인지도 잊어버리는 거예요. 저항하지 못하면 타인의 시선을 가치관으로 삼게 되어 결국 무너지고 맙니다.

학 생　　내가 누구인지도 잊어버린다니, 정말 무서운 일이에요.

상속자　상상만 해도 무섭죠.

학 생　　하지만 '지금의 나'를 부끄러워하지 않는 것이 그렇게 간단할까요? 대체 어떻게 저항해야 할까요?

당신은 '큰 꿈'이 있습니까?

상속자　꿈의 크기가 중요합니다. 속물근성에 젖은 사람들은 현재 당신의 모습만 대충 훑어보고 판단을 내린다는 겁니다. 겉으로 드러나지 않은 '앞으로의 나'의 잠재력과 가능성을 생각하지 못하죠. 그러니 꿈도 적정 수준에서 갖기를 바라고요. 감히 넘볼 수 없는 꿈을 꾼다 생각하면 분수에 맞지 않는다고 은근한 압력을 가하기도 해요. 이렇게 상대방의 꿈을 축소시키고, 작은 꿈에 만족하기를 바라죠.

학 생   정말 공감해요. 저도 겉으로만 대충 보고 절 판단한 다고 느낀 적이 있거든요. 흔히 눈앞의 이익만 좇는 사람을 가리킬 때 '저 사람은 속물이야'라고 하는 것도 같은 맥락인 것 같아요.

상속자   눈앞의 이익에 비해 아직 실현되지 않은 미래의 모습을 그리는 건 보다 복잡하기 때문이죠. 어머니 자넷은 남에게 부정당하는 것을 지나치게 두려워한 나머지 자신을 부정하기에 이르렀지만, 딸 재클린은 물려받은 것에 집중했어요.

학 생   음, 어떤 것인지 알겠어요. 세간의 시선으로 보면 재클린이 아일랜드 혈통이라는 것은 움직일 수 없는 사실일 테죠. 재클린은 우월한 지위를 물려받지 못한 것에 집착하는 대신 '앞으로의 나'는 달라질 수 있고, 변할 수 있고, 성장할 수 있을 거라 믿은 것 같고요. 물려받을 게 없다고 생각하는 것 자체가 가짜 상속자의 마음일 거예요.

상속자 재클린은 외할아버지로부터 뉴욕의 건축물에 대한 지대한 관심을 물려받았죠. 그뿐만 아니라 강인한 정신력도 그대로 물려받았는지, 케네디 정부 시절 한 측근 인사는 그녀가 강철 같은 의지의 소유자라며 외할아버지를 닮았다고 말했죠.

학 생 물려받은 것에 집중한 것을 보니 진짜 상속자 같네요!

상속자 맞아요.

학 생 궁금한 것이 있어요. 도대체 아일랜드인들은 뭘 잘 못했길래 이렇게 형편없는 대우를 받은 건가요?

상속자 자넷의 조상들은 아일랜드에서 감자 대기근 때 미국으로 건너왔어요. 사실 큰 비극이죠. 그들에게 죄가 있다면 단지 가난하다는 거죠.

학 생 가난이 죄라뇨, 너무하네요.

상속자 그렇죠? 아일랜드는 가난한 나라여서 먹고살기가 정말 팍팍했어요. 영국인 지주들의 착취가 심해서 감자 수확으로 근근이 먹고살았죠. 사실상 감자가 아일랜드를 먹여 살렸다고 해도 과언이 아니에요. 식탁 위에 올라가는 유일한 음식이었으니까요. 그런데 1845년에 감자 충해가 퍼지는 재앙이 닥쳤어요. 백만 명이 넘는 사람들이 굶어 죽거나 역병으로 사망했죠.

학 생 그러니까 미국으로 넘어오기 전의 상황인 거죠? 그곳 서민들은 보리밥 대신 감자군요.

상속자 네. 어른들은 아이들에게 먹일 만한 것을 찾는 데 필사적이었습니다. 잡초를 뜯어 먹이거나 바닷가 근처에 살면 해초라도 주워 먹였죠. 먹을 것이 너무 없으니 나무껍질을 먹으며 버텼지만 역부족이었습니다. 생존자들은 너 나 할 것 없이 외국행 배에 몸을 실었어요. 미국으로 향하는 배의 통행증을 구한 사람들은 운이 좋은 축에 속했죠.

학 생 아메리칸 드림! 들어 본 적 있어요.

상속자 미국인 선장은 특이한 걸 발견했어요. 승선하는 아일랜드인들의 입주변이 하도 풀을 뜯어먹어서 푸르게 물든 거죠. 그래서 '푸르뎅뎅한 주둥이들'이라고 불렀대요. 그들 중 3분의 1만 배에서 내렸어요. 나머지는 갑판 아래에 퍼진 질병 때문에 죽었고 바다에 던져졌죠. 그래서 사람들은 뉴욕으로 가는 아일랜드 이민자들을 태운 선박을 관짝함이라고 불렀습니다.

학 생   세상에나, 끔찍하네요.

상속자   그래도 강한 자들은 살아남아 새 땅에 도착했습니다. 아일랜드 국민들은 나라에 망조가 들었다고 여겼고 희망을 잃어버린 채 절망에 찌들었어요. 그런 비관적인 철학은 버리고 꿈을 이루기 위해 죽을 각오로 미국으로 넘어온 이들이 재클린의 외가 쪽 조상이었죠.

학 생   남의 땅에서 뿌리를 내리고 성장한 아일랜드인들의 강인함이 느껴져요. 목숨을 걸고 왔는데 거칠다고 무시당하고, 배우지 못했다고 거절당했겠죠. 가난하면 가난하다고, 돈을 많이 벌면 촌스럽다고 차별당했을 테고요. 결국 어떻게 해도 아일랜드인들은 차별을 벗어나지 못했네요.

상속자   옛 귀족들의 궁정 세계에 존재했던 권력 역학과 흡사했어요. 궁정이 가장 높은 수준의 교양과 품위를 대표했던 것처럼, 미국 상류층 인사들은 우아한 집안 배경을 떠받들었죠.

학 생   그것 보세요. 죽음을 각오하고 노력한다 해도 바뀌는 건 없는 게 현실이에요. 힘없는 자들은 무기력하게 핍박받아야 하고요. 그런데 큰 꿈을 가진다고 뭐가 달라질까요?

상속자　그렇지 않아요. 아일랜드인들은 혼자 간 게 아니라 다 같이 갔습니다. 한 사람이 아니라 모두가 같은 꿈을 꾸는 겁니다. 그래서 '지금 우리'의 처지는 변하지 않아도, 후대에 억압과 차별을 뛰어넘는 날이 올 것이라 믿었죠.

학 생　……후대에서 이룬다고요?

상속자　그래요. 비참한 현실에도 '앞으로의 우리'는 달라질 것이라는 희망을 품었죠. 몇 세대에 걸쳐 내려온 희망이 재클린을 통해 이루어졌고. 상속자 정신은 부모를 뛰어넘는 사회로부터 오는 상속이라 말했던 것 기억하나요? 이렇듯 큰 꿈은 우리를 앞으로 나아가게 하는 힘이 있습니다.

불평등을 뛰어넘는 힘

학 생　저희 부모님도 어릴 때부터 자주 말씀하셨어요. "넌 우리 집의 희망이다." 저도 그 기대에 부응하고 싶어요. 하지만 종종 사람들의 편견을 맞닥뜨리게 돼요. 예를 들면 "쟤는 집안도 평범한데 왜 저런 꿈을 꿔?" 이런 거예요. 큰 꿈을 가지려 하면 먼저 아버님이 뭐 하시냐고 물어보고, 아예 싹을 잘라 버린다고요. 집안이 좋아야 할 수 있는 것들이 존재한다는 편견이죠. 선생님은 사회가 이런 문제를 개인의 책임으로 떠넘기고 있다고 생각하지 않으세요? 개인이 불평등에 꺾이고 부러지는 상황임에도 참고 견디라는 말을 하는 것 같아요. 어떤 차별을 당하든 무시하고 큰 꿈을 꾸라니, 모든 통찰이 인간에 대한 낙관으로만 가득하잖아요. 저희 친구들은 이런 걸 두고 소위 '정신 승리'라고 불러요. 하지만 세상에는 엄연히 불평등이 존재하고, 강자와 약자가 존재한다고요.

상속자   그대는 왜 불평등이 존재한다고 생각하나요?

학 생   모든 게 운인 것 같아요.

상속자   운이요?

학 생   운을 과학적으로 설명할 수 있는지는 몰라요. 어쨌거나 어떤 부모를 두었느냐 자체가 운이죠. 누구도 자기 부모를 선택할 수는 없잖아요. 태어나 보니 어떤 사람은 부잣집에서 태어났고, 어떤 사람은 가난한 집에서 태어났죠. 그것을 오로지 능력 차이로 설명할 수 있을까요? 능력이 남보다 나아도 못사는 사람도 있고, 능력이 남보다 나을 것이 없는데도 잘사는 사람이 있잖아요. 누구는 '억울하면 너도 부잣집 딸로 태어나든가!' 하겠지만, 그것도 운이 따라야죠!

상속자   이해해요. 나도 운을 부정하는 것이 아닙니다. 다만 집안 배경이 미래를 결정한다는 수저계급론을 맹신하면서 사는 한, 우리는 한 발짝도 앞으로 나아갈 수 없다고 말하고 싶은 거죠.

학 생   말은 쉽죠. 제가 수저계급론을 믿는 데는 다 그럴 만한 이유가 있어요. 지금 변명하고 싶지는 않고요. 중요한 건 운은 내 힘으로 어떻게 할 수 있는 게 아니라는 거예요. 싸워서 획득할 수 있는 게 아니죠.

상속자   하지만 운은 그냥 오지 않고 오직 준비하는 자에게 옵니다. 열심히 준비하고 또 준비하는 사람에게, 그리고 간절하게 기다리는 이에게 오죠. 인생에 운이 따르는 순간이 온다는 것을 겸손히 받아들이되 그 순간을 위해 꾸준히 노력해야 합니다. 불평등을 뛰어넘는 건 '축적된 노력'이에요.

학 생   축적된 노력이요?

상속자   한 사람의 성공은 온전히 개인의 능력과 노력만의 산물이 아니라 과거로부터 축적된 자산을 물려받아

꽃핍니다. 그대가 부모님의 희망인 것처럼, 누군가의 희망이 된다는 것은 이미 희망을 승계받은 상속자로 태어난 것입니다.

학 생 하지만 전 여전히 힘이 없는 약자인걸요.

상속자 불평등을 뛰어넘는 힘은 시간에 있습니다. 시간 앞에서는 영원히 지배하는 강자도, 끝없이 지배당하는 약자도 없어요. 당신은 아직도 불변의 렌즈로 운명을 바라보고 있어요. 변화의 렌즈로 초점을 맞추는 것이 강자와 약자를 새롭게 바라보는 시작이에요. 그리고 기다림의 시간 동안 힘을 키우는 노력을 해야겠죠.

학 생 그렇다면 다음 만남에서는 힘을 키우는 방법에 대해 꼭 알려 주세요.

상속자 물론이죠. 생각해 보니 나는 오랫동안 당신을 만나기를 기다려 왔네요. 오늘을 기다리며 한 겹 한 겹 노력을 쌓았는데, 그대가 이렇게 나를 찾아와 주었어요.

학 생 저를 기다리셨다고요?

상속자 그런 것 같아요.

고작 몇 분이 지난 것 같은데 벌써 몇 시간이 흐른 뒤였다. 학생은 상속자를 물끄러미 바라보며 생각했다. 오늘날 우리 사회를 관통하는 시대정신은 출발선이 다른 데서 벌어지는 계급 격차를 좁히는 것이겠지. 왕따, 혐오, 갑질, 자살 등의 이면에는 불평등이 깔려 있을 테다. 그런데 내 바로 앞에 있는 한 사람이 시대정신을 구현하기 위해 인생을 걸지 않았는가! 그의 진심이 와닿았고, 상속자 정신의 진정성이 느껴졌다. 학생은 마음의 빗장이 조금씩 풀리고 있었다.

상속자 정신에 접근하다

학 생   선생님, 계속해서 용기를 낼 수 있게 해줘서 고마워요.

상속자   고마운 건 나예요. 옆에서 용기를 주거나 인정해 주는 사람이 있으면 더 씩씩해지는 법이죠. 재클린이 열여덟 살 때 할아버지가 세상을 떠났어요. 금세 유언장을 둘러싸고 가족들 사이에서 불편한 다툼이 벌어졌죠. 돈, 사회적 지위, 명예를 중요하게 여기던 부비에가의 남은 가족들은 오로지 유산의 액수에 매우 민감했어요.

학 생 쓸쓸하네요…….

상속자 재클린은 그때 누군가의 죽음을 처음 경험했어요. 감청색 양복을 입고 손은 깍지를 낀 채 관 안에 누워 있는 할아버지를 쳐다봤죠. 가족들이 할아버지의 죽음 따윈 안중에도 없다는 사실이 부끄러웠어요. 돌아가시고 난 다음에 자식들이 하는 일을 할아버지가 못 본 게 다행이다 싶었죠. 하지만 워낙 내성적인 성격인 데다 속물적인 가족의 치부를 괜히 들추는 것 같아 싫어도 꾹 참았어요.

학 생 그랬군요.

상속자 장례식장에 온 정원사가 가족들에게 제비꽃다발을 내밀었어요. 사람을 깔보기를 좋아하는 고모 하나가 그 꽃다발을 받더니, 조금 무례하다 싶게 큰 꽃다발 속으로 쑤셔 넣었죠. 재클린은 정원사가 건넨 소박한 선물에는 친척들에서는 찾아볼 수 없는 진실된 사랑이 담겨 있는 걸 발견했어요. 할아버지의 죽음은 그녀가 대담히 한 걸음 앞으로 나아가는 계기가 되었습니다. 연약한 제비꽃을 물끄러미 바라보던 재클린은 순간 결심했죠.

학 생   어떤 결심이요?

상속자   고모가 관을 닫을 테니 모두들 방에서 나가라고 했을 때, 재클린은 관 옆에 무릎을 꿇고 앉아 가족들이 눈치채지 못하도록 제비꽃을 빼서 할아버지의 팔꿈치 밑에 넣었어요. 순간적인 저항으로 남부끄러운 모습을 보이는 친척들에게 항의한 것이죠. 그것은 침묵하던 자신의 과거와 결별을 의미했어요. 더 나아가 기존 질서에 순응하는 자신의 죽음을 결심한 것이고요. 결국 할아버지의 죽음을 통해 그녀는 '과거의 나'의 죽음을 체험하고, '새로운 나'로 다시 태어날 수 있었죠. 부끄러워서 침묵하던 나는 죽고, 불의를 보고 저항하는 나로 새로 태어난 거예요.

학 생   음, 조금 어렵게 느껴져요.

상속자   이해하기 쉽게 설명해 볼게요. 다시 태어나려면 반드시 죽어야 합니다.

학 생   ……!

상속자   여기서 죽음은 무엇을 의미하는 걸까요? 기존의 고정관념과 낡은 사고방식, 패배주의를 버리는 겁니다.

학 생   아……. 패배주의가 무섭기는 해요. 열심히 해봐야 오르지 못할 것이다, 어차피 실패할 거다, 라는 생각이

제 머릿속을 지배했죠. 저도 모르게 노력해도 현실을 바꿀 수 없다는 패배주의에 젖었어요. 저항은 생각지도 못했고요. 소극적으로 지레 겁먹고 포기하거나 투쟁 없이 패배를 받아들이는 게 저의 태도였죠. 아마도 저는 숙명론과 결정론의 신봉자인가 봐요.

상속자 물론 태어나는 것을 마음대로 할 수는 없어요. 이 시대에 태어난 것, 이 나라에서 태어난 것, 지금의 부모 밑에서 태어난 것, 전부 내가 택하진 않았죠. 그래서 나보다 좋은 환경에서 태어난 사람을 부러워하는 마음도 있을 테고요. 하지만 거기서 끝내서는 안 됩니다.

학 생 왜요?

상속자 자신이 물려받은 것은 망각하고 남들이 물려받은 것만 부러워하는 것이니까요. 그래서 우리는 죽었다가 다시 태어나는 선택을 해야 합니다. 새로운 생명을 얻기 위해 반드시 죽어야 하는 이유도 여기에 있죠. 새로워지려면 과거의 내 모습은 과감히 버리고 온전하게 비워 내야 하죠. 그렇게 자유로워지고 나면 새로운 것들로 채울 수 있어요.

학 생 그래서 죽음이 필요하다?

상속자 그렇답니다. 죽음은 필연적으로 단절을 가져오죠. 재클린은 빼앗긴 기분에 젖은 과거와 단절하고 '무엇을 물려받았는가'를 찾기 위해 떠나기로 결심했어요.

학 생 버림으로써 자유로워지고, 그래서 새로 태어나는 것이군요!

상속자 십 대 시절 재클린은 토요일 밤에 흰 장갑을 끼고 사교 클럽에서 춤추는 것보다 원대한 것을 꿈꿨죠. 사람들의 기대보다 더 높이 오르고 싶었어요. 하지만 이제까지는 와스프가 지배하는 세상에서 간신히 적응하며 살고 있었을 뿐이죠. 그런데 제비꽃으로 인해 조용한 절망감을 버리기로 결심한 거예요. 당신도 지금, 이 순간 나와의 대화에서 죽음을 체험하고 있고요.

학 생 와, 제가 죽음까지 이야기하게 될 줄은 상상도 못 했어요.

상속자 나도 대화가 이렇게 깊어질 줄은 몰랐어요. 하지만 영혼을 건드리는 건 깊이 있는 대화뿐이죠.

학 생 하지만 여기서 끝내 버리시면 안돼요! 버리는 방법까지는 알려 주셔야죠.

상속자 구체적인 방법을 제시해 달라는 거로군요? 오늘의

대화는 충분히 한 것 같으니 다음에 이어서 이야기
하도록 하죠. 다음에는 믿음에 관해서 대화를 나누
어 보죠.

세 번째 만남

집안 배경을 버리라

2주의 시간은 빠르게 흘러갔다. 학생은 집에 돌아가서 내내 고민했다. 믿음이란 무엇인가. 나는 무엇을 믿는가. 나의 신념은 무엇인가. 내가 잘못된 믿음을 갖고 있던 것은 아닌가. 과연 올바른 믿음이란 무엇인가. 학생에게 주어진 숙제는 너무도 무거웠다. 생각하면 할수록 학생은 자신이 불신으로 가득 차 있다는 것을 알았고 아무도 믿지 않는다고 생각했다.

믿음에 답이 있다

학 생 오늘도 재클린의 사상을 배우러 왔어요.

상속자 그래요. 재클린의 사상에 대해 생각을 좀 해봤어요?

학 생 상속자 정신을 다시 곱씹어 보았죠. 잠자리에 누울 때까지 온통 그 생각뿐이었어요.

상속자 인간은 언젠가 죽고 국가도 흥망하지만 사상은 언제나 살아 있다고 존 F. 케네디는 말했습니다. 당신은 운명을 바꾸고 싶어 나를 찾아온 거죠. 운명을 바꾸는 가장 빠른 방법은 사상을 새롭게 받아들이는 것이에요.

학 생　아, 첫날 선생님을 찾아와서 말씀드렸잖아요. 전 불
　　　공평한 세상에서 고통받고 있다고요. 부모님의 재력
　　　으로 제 미래가 결정된다고 생각했어요. 암담하죠!
　　　운명과 싸워 보지도 못하고 '이미 정해진 삶'을 살아
　　　간다면 꿈도 희망도 없을 거예요.

상속자　그런데 아직 해결되지 않은 고민이 있어 보여요. 오
　　　늘은 무엇이 궁금해 왔습니까?

학 생　그러니까 이런 거예요. 전 아직 운명과 싸우고 싶어
　　　요. 제 운명을 혐오하거든요. 그러나 성공하려면 갖
　　　춰야 할 게 많더라고요. 다들 노력보다 집안이 좋아
　　　야 한다고 해요. 그래서 집안이 좋다는 게 뭘까? 생
　　　각이 꼬리에 꼬리를 물고 늘어지더군요. 사람들이
　　　집안이 좋다고 할 때는 꼭 집에 돈이 많은 걸 의미하
　　　는 게 아닐 수도 있다는 생각의 변화가 있었죠. 돈이
　　　없어도 명예로울 수 있잖아요.

상속자　돈이면 다 된다는 건 아니라는 거네요?

학 생　글쎄요, 돈이면 다 되는 세상이 싫은 거죠. 제 영혼이
　　　돈에 잠식되는 건 저도 싫어요. 그것만은 막고 싶죠.
　　　아무튼 돈보다 더 고상한 가치가 있다고 믿어요. 돈
　　　이 차고 넘쳐서 유치원생인 손주에게 주식과 부동산

을 물려주려 편법을 쓰고, 선대로부터 물려받아 미성년자일 때부터 부자 반열에 들었다고 해서 사회적 가치를 창출하는 건 아니잖아요.

상속자 그럼 집안이 좋다는 건 무슨 의미일까요?

학 생 찬란하게 빛날 기회가 더 많이 주어진다는 결론이요. 보고 배운다고 하잖아요. 성장 환경에서 형성된 사고방식과 생활 습관의 차이는 아무리 노력해도 극복할 수 없죠. 어릴 때부터 자연스럽게 습득한 것이 아니니 성인이 되어서 흉내 낸다 한들 어색하겠죠. 슬픈 외국어처럼. 그러니 인생에서 반짝반짝 빛날 기회를 부모님이 주지 않는다? 가망이 없어요. 분수를 지키라거나, 과대망상하지 말라고 잔소리만 들을 거예요.

상속자 그렇군요. 이런 당신의 믿음은 어디서 온 걸까요?

학 생 이게 제 믿음인가요? 전 아무것도 믿지 않는데요.

상속자 믿음이에요. 확신에 찬 신념에 가깝죠.

학 생 그럴 리가요! 전 사실만을 말할 뿐이에요! 그래도 물으시니 답하죠. 제가 이렇게 믿는 데는 다 '이유'가 있거든요. 그건 경험에서 나오죠. 문을 여는 것과 같아요. 처음 보는 문이라도 전 이미 문을 어떻게 열지 알아요. 문손잡이를 보고, 손잡이를 돌리거나 밀고 당기면 열릴 거라고 확신하죠. 과거에 수없이 문을 열어 봤으니까요. 그러니까 부모님께 과거부터 반복해서 들은 잔소리가 있으니 그것도 나름대로 제 경험이죠. 그게 믿음이라면 믿음이고요.

상속자   그러니까 부모님이 곧 나의 과거라는 거군요?

학 생   네? 뭐, 그렇겠죠? 제 과거란 부모님일 수도, 조부모님일 수도 있죠.

상속자   그렇다면 당신은 과거로부터 내려온 집안 배경의 격차가 '이미 정해진 삶'을 만든다는 믿음을 갖고 있는 겁니다. 더 나아가 앞으로의 자신도 성공할 수 없을 거란 확신까지 있죠.

학 생   부끄럽지만 그래요. 저는 세계적인 기업가가 되고 싶다는 꿈을 꾸었어요. 비록 과대망상처럼 보일 수 있지만, 재벌가 상속자로 다시 태어나고 싶다고 상상하는 것보다는 좀 더 현실성이 있어 보이는 꿈이잖아요. 평범한 직장인인 저의 아버지는 비현실적이라고 생각하시죠. 현실적이지 않을 뿐 아니라 위험하다고 보실 거예요. 왜냐면 안정적인 길이 아니니까요. 아버지는 제가 뭐든 할 수 있다고 했지만 이건 도움을 주기에는 버거운 꿈이라고 생각하죠. '내가 갑부인 줄 알아!'라고 습관적으로 말씀하시거든요. 월급쟁이의 분수에 맞지 않는 거라고요. 하지만 우리 아버지가 재벌 회장이었다면 가문의 뒤를 잇는다고 칭찬하셨을 거예요. 저녁 식탁에서 경영에 대해 듣고 자랐다면 이런 꿈이 지극히 현실적일 뿐 아니라 숨 쉬듯 자연스럽겠죠. 게다가 외국 사업가들과 상대할 때 필요한 세련된 매너와 교양을 전수받을 수도 있고요. 같은 하늘 아래에서 성장해도 집안 배경에 따른 문화 차이는 다른 세계에 살고 있다는 기분이 들게 해요.

상속자   그 믿음의 근거가 어디서 나왔는지 이해했어요. 당신의 문에 대한 생각도 이해 갑니다. '이렇게 하면 문이 열릴 것이다'라는 일반화는 삶을 편리하고 단순하게 만들죠. 문을 열어 본 몇 번의 경험은 그 후에도 같은 행동을 하는 근거를 마련합니다. 반면 문제를 지나치게 단순화하는 것은 '제한된 믿음'을 만들어 내죠. 과거가 곧 미래는 아닙니다.

학 생   으음…….

상속자   그래도 여태까지 우리가 다뤘던 불평등의 또 다른 얼굴을 잘 설명해 줘서 고마워요. 당신이 관찰한 불평등에는 이름이 있죠. 그 이름은 '문화자본Cultural Capital' 입니다.

학 생 문화자본이요?

상속자 프랑스 사회학자 피에르 부르디외Pierre Bourdieu가 말한 개념이죠. 그건 안목과 취향 같은 문화적 지식을 말합니다. 부르디외는 돈과 자산을 포함한 경제자본Economic Capital만이 아니라 문화자본의 중요성을 강조했어요. 문화자본이야말로 불평등한 관계를 만들고 유지하는 자본의 형태라고 주장했죠. 여기서 특이한 점은 경제자본과는 달리 문화자본은 직접적으로 상속할 수 없다는 겁니다. 법적으로 증명되지 않는다는 거죠. 그러나 은밀하게, 가정교육과 성장 환경을 통해 상속됩니다

학 생 돈이 아닌 사고방식의 차이, 그러니까 어릴 때부터 형성된 집안 배경의 차이가 바로 이 문화자본 때문이라는 뜻인가요?

상속자 그렇죠.

학 생 그럼 어떻게 해야 하나요?

상속자 믿음에 답이 있어요. 재클린 사회학에서는 과거로

돌아가 그 믿음을 바꿉니다.
....

아무리 애써도 여전히 빼앗긴다면

학 생 과거로 돌아간다고요?

상속자 그렇죠. 과거로 돌아가고 싶었던 적이 없어요?

학 생 왜 없겠어요. 기억을 온전히 가진 채 과거의 특정 시
점으로 되돌아가면 좋겠다고 상상했어요. 미래의 일
어날 일들을 모두 예측하고 있다면 얼마나 좋겠어
요?

상속자 역시나 재미있는 상상이네요.

학 생 저는 별 볼 일 없는 학생이지만 특별한 힘이나 능력
이 생긴 것 같잖아요. 신분 상승같이 놀라운 일이겠
죠.

상속자 하하.

학 생 제가 지금 알고 있는 지식을 잊지 않은 채 과거로 돌
아가면 미래를 알고 있으니 이미 성공의 정답을 알
고 있는 거잖아요.

상속자 그간의 일을 모두 기억할 수 있다니 벌써 '무엇부터

해야 하나' 하고 마음이 분주할 것 같네요.

학 생 그러니까요! 제가 얼마 전에 도서관에서 『강남의 탄생』이란 책을 읽었거든요. 문득 강남이라는 곳이 궁금해져서요. 왜 나는 강남에 살지 못할까? 예전에는 강남에서 사는 것이 별거 아니라고 생각했어요. 그런데 신문에서 매일같이 집값이 오른다고 보도하고, 우리 집이랑 차이가 엄청 나기 시작하니까 강남을 동경하게 된 부분도 있어요. 예전에는 강남땅이 엄청 쌌다는데, '우리 할아버지나 아버지는 그때 뭐하고 있었던 거야!'라고 불순한 생각도 잠깐 했죠.

상속자 그럼 무엇을 하고 싶어요?

학 생 지금은 제가 근현대사를 알잖아요. 강남 개발이 본격화되기 전, 한강 다리도 없을 때 뗏목이라도 타고 내려가 허허벌판인 땅을 저렴하게 살 것 같아요. 원래 강남은 모두 농촌이었다고 해서 깜짝 놀랐어요. 잠실은 뽕밭이었고, 압구정은 배나무 과수원골, 도곡동은 도라지 특산지였고요. 청담동도 물 맑은 청숫골에 개포동은 기름진 땅이었다죠. 꼭 이때가 아니어도 기회는 또 있어요. 2000년대 초 부의 대명사였던 도곡동 타워펠리스도 외환 위기 때문에 미분양이 속출했다고 해요. 그때로 돌아가기만 해도 좋을 것 같아요. 숨은 미운 새끼 오리를 당장 알아볼 수 있으니까요.

상속자 그러게요. 나중에 아름다운 백조가 되리란 확신이 있을 테죠.

학 생 책 한 권으로 강남의 구석구석을 알게 되었으니 과거로 돌아가 손대는 곳마다 대박을 터뜨리면 짜릿할 것 같아요! 아예 이 책을 들고 과거로 돌아가고 싶을 정도예요.

상속자 우리는 왜 과거로 돌아가고 싶은 '과거 회귀 욕구'를 가지는 걸까요?

학 생 음……. 주어진 삶은 견딜 수가 없고, 원하는 삶은 도저히 살 수 없어서요. 솔직히 말씀드리면, 전 저의 과거에서 박탈감을 느끼거든요.

상속자 왜요?

학 생 아버지 대(代)부터, 혹은 할아버지 대부터 잘살았던 사람들을 보면 부러움과 동시에 왠지 모를 빼앗긴 기분이 들어요. 우리 세대는 아무런 부족함 없이 자랐다고 어른들은 나무라지만, 전 제가 나약해서 박탈감에 시달리는 건 아니라고 생각해요. 살다 보면

149

제가 비교하고 싶지 않아도 남들이 비교를 하죠. 저렇게 태어난 사람이 너보다 우월하다고요. 열등감 느끼기 싫고 무시당하기 싫어서 죽도록 노력해도, 막상 그런 상황에 처하면 마음을 통제하기가 힘들더라고요. 아무리 애써도 여전히 빼앗긴다면, 그럴 때는 어떻게 하는 것이 좋을까요?

상속자 빼앗긴 기분이 드는 건 자연스러운 거예요. 재클린도 그런 빼앗긴 기분에서 완전히 자유로울 수는 없었죠. 열네 살 때 어머니가 재혼하면서 재클린과 리는 뉴욕을 떠나 새아버지 휴 D. 오킨클로스와 살았죠. 자매는 새아버지를 '휴디 아저씨'라고 불렀는데, 그는 스탠더드 오일의 상속자이자 억만장자였어요. 화려한 혼맥 덕분에 재벌 회장들과도 터놓고 지내는 막역한 사이였죠. 이혼 후 어머니, 리와 셋이 단출하게 살던 재클린의 삶에 갑자기 변화가 생긴 거예요. 앞으로 지내게 될 집은 아름다운 메리우드 저택과 드넓은 해머스미스 농장이었어요.

학 생 새아버지는 어떤 분이었는데요?

상속자 휴디 아저씨는 새로운 환경을 낯설어할 두 의붓딸을 살갑게 맞이했어요. 그는 농장에서 키울 수 있는 우

역사와 독서는
운명의 선택지를 제공하는 풍부한 사례집이죠.
우리는 선물 상자에서 사탕을 고르듯
삶을 창조하기 위해 그 선택지를 늘릴 수 있어요

유가 많이 나오는 젖소를 두 마리 선물하면서 각각
재클린과 캐롤라인(리의 본명)이라고 이름을 붙였죠.

학 생 다행이네요!

상속자 하지만 그 가문의 어마어마한 재산은 그림의 떡이었
죠.

학 생 아니, 왜요?

상속자 그 집에는 첫 번째 부인과 두 번째 부인이 낳은 자식
이 이미 세 명이나 있었고, 오래 지나지 않아 세 번째
부인인 재클린의 어머니가 두 명의 자식을 더 낳았
어요. 오킨클로스 집안 사람이 아니라 의붓자식이었
던 재클린은 친아버지로부터 신탁 계좌를 받은 다른
형제들과는 처지가 달랐죠. 휴디 아저씨는 마음이
따뜻한 사람이었지만, 사고방식만큼은 19세기에 머
물렀다고 해요.

학 생 휴디 아저씨가 재클린의 과거가 될 수는 없었다?

상속자 아마도요. 재클린은 상속자 대접을 받기는커녕 새
아버지가 해결해 주는 숙식 외의 나머지 부분은 아
버지와 할아버지에게 의지해야 했어요. 가끔은 배
달 사고가 나기도 했죠. 비서진의 실수로 부비에 자
매의 청구서가 새아버지의 사무실로 전달된 거예요.

그런 일이 있으면 곧바로 친부인 잭 부비에 앞으로 보내졌죠.

학 생 냉정하네요!

상속자 어머니 자넷은 당당한 사모님 대접을 받았어요. 생활비를 아무리 펑펑 써도 탈이 없었죠. 그러나 그녀의 딸들은 어디까지나 부비에 집안의 자식들이었어요. 휴디 아저씨는 양딸들을 경제적으로 책임질 의무는 자신에게 없다고 생각했고, 한 지붕 아래에서 살게 허락하고 식사를 제공하는 것이면 충분하다고 여겼죠.

학 생 너무하다 싶기도 하고, 슬프기도 하네요. 저라면 서글펐을 것 같아요.

상속자 재클린은 특히 아버지를 찾아갈 때마다 안타까움을 느꼈어요. 가세가 기운 것을 어머니 탓으로 돌릴 때면 더욱 그랬죠. 동시에 새아버지를 든든한 배경으로 삼기에는 그의 선심에 의존할 수밖에 없는 의붓딸이라는 것을 알고 있었죠. 어머니가 부유한 안주인이 되었어도 자신의 운명과는 별개였고, 금전적인 문제는 계속해서 재클린을 괴롭혔어요.

학 생 안정적인 와스프와 올드 머니 배경에서 자라난 것 같지만, 실상 재클린은 신데렐라와 비슷한 의붓딸이었던 거네요?

상속자　그렇죠. 그녀에게는 스스로에 대한 믿음 외에 아무 것도 확실한 것은 없었어요.

학　생　쳇, 제가 가진 건 제한된 믿음이라면서요. 재클린도 저처럼 집안 배경 때문에 고통받았다면, 왜 우리는 상반된 믿음을 갖고 있는 거죠?

상속자　당신은 믿음이 어떻게 형성되는지 압니까?

학　생　당연히 알죠. 믿음을 형성하는 '근거'들이 있어서라고 방금 말씀드렸잖아요.

상속자　그럼 문제는 더 쉽네요. 믿음을 '바꾸는 것'도 마찬가지예요.

학　생　근거가 뭔가요?

상속자　당신의 과거가 근거입니다. 다만 그 근거를 찾기 위해 과거로 돌아가야 하죠. 이를 수행하려면 먼저 재클린 사회학의 '상속자본Inherited Capital'이라는 개념을 알아야 합니다.

학　생　……상속자본이요? 새로운 용어가 나왔네요. 그게 뭔데요?

학생은 혼란스러웠다. 이미 정해진 삶이란 없다고? 그건 내 제한된 믿음일 뿐이라고? 믿음을 바꾸기 위한 근거가 나의 과거에 있다고? 그래서 과거로 돌아가자니. 대체 상속자는 무슨 말을 하고 있단 말인가. 주인공이 과거로 돌아가 인생을 재설계하는 건 판타지에서나 가능한 것 아니던가. 학생은 생각했다. 만약 '상속자본'이라는 개념이 자신을 설득시키지 못한다면 나는 이 사상을, 그리고 재클린을 평생 받아들일 수 없을 것이다.

상속자본을 구하라

상속자 재클린 할아버지의 공상이 얼마나 가족들에게 큰 영향을 미쳤는지 기억하죠?

학 생 그럼요. 프랑스 귀족 후손이라는 가상의 가계도를 가족들이 믿고 숭배했다면서요.

상속자 손녀 재클린도 예외는 아니었습니다. 백악관에 입성한 직후 재클린은 자신의 전기를 쓰고 싶다는 한 기자의 요청을 받아들였죠. 대신 비밀리에 참여하기로 했어요. 그렇게 출간된 책에는 할아버지가 심어 준 믿음이 상세히 적혀 있었습니다. 국민들은 그녀의 믿음에 동화되었고, 새로운 영부인이 명문가 출신에 참으로 기품 있다고 자랑스러워했죠.

학 생   저도 화려한 가계도를 상상해 본 적이 있어요. 제가 대한민국을 움직이는 거대 그룹을 일군 재벌 가문의 일원인 거죠. 휴대전화로 가계도를 보여 주며 집안 사람들에 대해 설명할 수 있다는 건 어떤 느낌일까? 가족들이 인터넷에 검색하면 다 나오는 건 어떤 느낌일까?

상속자   참 상상력이 풍부해요. 나도 궁금해요. 과연 어떤 느낌일지요?

학 생   전통과 역사의 일부가 된 기분 아닐까요? 유서 깊은 가문의 구성원이라는 소속감과 자부심도 있을 것 같고요. 영어 사전에 'chaebol(재벌)'이라는 단어가 올라 있을 정도로 우리나라의 부의 세습이 세계적으로도 유명하잖아요. 한국의 기업 가문들은 꼭 귀족 사회 같아요.

상속자   중세 귀족 사회를 말하는 건가요?

학 생   네! 정략결혼이나 동급의 신분을 가진 상대와의 결혼을 통해 서로 혈연으로 복잡하게 이어져 왔잖아요. 손에 쥔 부와 권력을 대물림하기 위해 결혼이라는 이름으로 동맹을 맺고요. 화려한 가계도일수록 얽히고설킨 혼맥이 있을 거예요. 정치적 라이벌이 사돈뻘이라든가, 경쟁 관계로만 보였던 재벌 가문끼리 혼맥으로 연결되어 있는 사이라든가 말이에요. 그게 중세 귀족 사회가 아니면 뭐겠어요?

상속자 하하, 그렇네요.

학 생 재클린도 저와 비슷한 기분이지 않았겠어요?

상속자 하지만 재클린이 자부심을 갖던 할아버지의 가계도는 한 역사학자에 의해 공상에 불과한 가상의 가계도라는 것을 폭로당했습니다. 한 친척은 강하게 비난했죠. "난 그들이 거짓말로 출신 성분을 속였다고 생각한다. 이를 언론이 영국 왕실 일가처럼 열심히 포장했는데, 허튼수작이다. 우리 집안은 상류층이 아니다."

학 생 앗, 신분 상승을 위해 포장했다고 폭로당한 건가요? 너무 수치스러울 것 같아요. 어떡해요?

상속자 결론부터 말하면, 폭로를 당했을 때도 재클린의 자신에 대한 믿음에는 변함이 없었어요. 왜냐하면 그녀는 상속자본을 구했기 때문이죠. 상속자본은 직계 조상이나 출신 배경, 부모님과는 크게 관계가 없답니다. 오직 과거로 돌아가 상속자본을 구하는 사람의 의지에 달려 있죠.

학 생　무슨 말인지 이해가 잘 안 가요.

상속자　상속자본은 '물려받는 것을 찾는 능력'을 말해요. 과거로 어떻게 돌아가느냐고 물었죠? 물론 우리는 타임머신을 타지 않는 한 실제로 과거를 되돌릴 수는 없어요. 하지만 과거를 역사로 생각하면 이야기가 달라지겠죠.

학 생　…… 과거가 역사라고요? 아뇨, 절대 그렇지 않아요! 제 과거는 아버지와 할아버지, 그러니까 저의 집안 배경이라고요. 저는 역사에는 관심도 없을뿐더러, 도도한 역사의 흐름까지 생각할 겨를이 없어요. 지금 당장 처한 현실이 괴로운데 한가롭게 역사를 파고들 여유가 없다고요.

상속자　이미 『강남의 탄생』을 읽었잖아요. 그 안에 뭐가 있던가요?

학 생　뭐가 있냐고요? 글쎄요, 한강의 기적? 무에서 유를 창조한 주역들이 바로 저의 아버지, 할아버지 세대라는 거요. 지금 강남역에서 당당한 위용을 뽐내는 건물들이 원래부터 있었던 게 아니라는 점이 흥미롭더라고요.

상속자   그렇다면 왜 그것을 물려받을 수는 없죠?

학 생   제 소유가 아니니까요.

상속자   말하는 것은 건물이 아닙니다. 왜 그 찬란한 역사를 물려받지 못하는 거죠? 선대로부터 승계를 받는 것, 그리고 내가 무엇의 후계자가 될 것인지를 선택하는 것이 상속자본이죠.

학 생   ……!

상속자   제한된 믿음이 문제가 되는 이유는 자신이 누구인지, 어떤 능력을 가지고 있는지 한계를 정하기 때문이죠. 당신이 출신 배경을 벗어날 수 없으며, 이미 정해진 삶을 살아야 한다고 말하는 건 무의식적으로 믿음을 제한하기 때문입니다. 우리의 모든 행동은 믿음의 결과죠.

학 생   어느 정도는 인정해요. 저는 오랫동안 제 믿음에 의문을 갖지 않았으니까요. 그러니 역사 속에서 상속자본을 구하라는 이야기인가요? 나 자신이 누구인지 알기 위해?

상속자   상속자본은 제한된 믿음이라는 족쇄를 풀어 버립니다. 이를테면 가상의 가계도는 가족들의 제한

159

된 믿음을 없애는 데 목적이 있었던 거예요. 과시하거나 그럴싸하게 보이려는 의도가 아니었기 때문에, 폭로되었다 한들 재클린의 믿음 또한 흔들리지 않을 수 있었던 거죠.

학 생 그렇다면 그녀는 과거로 돌아가 무엇을 했죠?

상속자 재클린은 타국의 역사에서 자신의 믿음을 뒷받침하는 근거를 찾기 시작했습니다. 나폴레옹 같은 프랑스 역사의 거인들을 탐독하면서 그들의 이념을 물려받았죠. 빼앗긴 기분에 허덕일 때마다, 그렇게 독서로 정신적 허기를 채웠어요.

학 생 나폴레옹이요? 세계사에서 배우긴 했는데…….

'집안 배경을 파괴'하라

상속자 부비에 가계도는 설령 상상의 산물일지라도, 재클린이 프랑스 역사에 관심을 갖게 된 계기가 되었죠.

학 생 그렇다 해도, 왜 제가 상반된 믿음을 갖고 있는지 아직도 이해가 안 가요!

상속자 좋아요. 자넷은 딸들에게 어릴 때부터 "남자들은 똑똑한 여자보다 예쁜 여자를 좋아한다"라는 믿음을 주입했어요. 그래서 재클린을 리와 늘 비교했고 끊임없이 트집을 잡았죠. 어머니에게 재클린은 똑똑한 딸, 리는 예쁜 딸이었거든요. 자연스럽게 재클린은 자신이 미인도 아니고 머리만 좋을 뿐이라는 생각이 들었죠. 리는 귀여운 강아지처럼 사랑받는 막내였지만, 재클린은 열정적이고 두뇌 회전이 빨랐어요. 재미있는 책 한 권이라도 발견하는 날이면 게걸스럽게 붙잡고 읽었죠. 아예 그 작가가 쓴 책을 모조리 찾아서 읽어 볼 정도였어요.

학 생 그러나 딸들의 출세를 걱정하는 자넷의 눈에는 책만 붙들고 있는 게 곱게 보이지 않았겠군요? 정말 고루한 생각이네요.

상속자 물론 재클린도 그렇게 생각했죠. 반항심이 가득했던 그녀는 물러서지 않았습니다. 가정환경에서 형성된 믿음을 바꾸려고 합당한 근거를 찾기 위해 주위를 둘러보았죠. 하지만 그녀에게 주어진 조건은 한정적이었고, 아무리 주위를 둘러보아도 이를 지지해 줄 사람은 없었어요. 낙담했죠. 결혼하면 대학을 그만두는 게 너무도 당연한 시대였기 때문에 더더욱 그

161

랬습니다. 이런 현실이야말로 재클린의 '과거 회귀 욕구'를 부채질했죠. 재클린은 즉시 도서관으로 달려갔어요.

학 생 아하, 답은 도서관에 있었군요! 그럼 어머니의 믿음을 뒤집을 근거가 역사 속에 있었다고요?

상속자 끝도 없이 나왔죠. 프랑스 역사책을 뒤지던 재클린은 퐁파두르 부인Madame de Pompadour, 레카미에 부인Madame de Récamier[1], 맹트농 부인Madame de Maintenon[2]을 발견했어요.

학 생 어떤 사람들인데요?

상속자 모두 미모보다 뛰어난 지성으로 역대 왕들을 사로잡은 영향력 있는 여성들이었어요. 이들은 18세기 사교계 핵심이었던 살롱 문화를 이끌었죠. 살롱salon은 문화예술계 인사들을 초대해 자유롭게 토론하며 어울리던 공간이에요. 각 분야의 지식인들이 자신의 생각을 나누며 남녀노소, 신분, 지위와 상관없이 평

---

1 19세기 초반 파리 사교계의 거물. 제1집정관 나폴레옹 보나파르트의 경제적 후원자의 아내로서 당대 최고의 지식인들과 교류했다. 현재는 루브르 박물관의 소장품인 자크 루이 다비드(Jacques Louis David)의 〈레카미에 부인의 초상〉 그림으로 유명하다.
2 루이 14세의 정부. 인문학적 소양을 갖추고 정치와 교육에 영향력을 행사했다. 국왕과 비밀리에 결혼했으나 공식적으로 왕비에 오르지는 못했다. '부인'이란 호칭은 작위를 의미한다.

등하게 대화하고 토론했죠.

학 생 　와, 자녯이 주입한 믿음과는 안티테제[3]네요!

상속자 　재클린은 특히 퐁파두르 부인의 '자기 예언적 믿음'
　　　　에 끌렸어요.

학 생 　자기 예언적 믿음이요?

상속자 　평민 출신인 퐁파두르 부인은 아홉 살 때 한 점술가
　　　　로부터 '이 아이는 왕의 마음을 차지할 것'이라는 운
　　　　명의 예언을 들었죠. 그게 사실인지 아닌지 판단할
　　　　수 없었지만 그녀는 믿었고, 혹시 모를 미래를 대비
　　　　해 다양한 분야에서 지식을 쌓고 예술과 학문을 가
　　　　까이했어요. 실제로 후작부인이 된 후로는 어찌나
　　　　열렬하게 로코코 예술을 후원했던지, 미술학자들은
　　　　로코코 양식이나 루이 15세 양식이 아닌 퐁파두르
　　　　양식으로 불러야 한다고 했죠.

학 생 　미래를 알고자 하는 욕망은 정말 대단하네요. 방금
　　　　제가 과거로 돌아가고 싶다고 했잖아요. 그건 앞으
　　　　로 벌어질 일을 예측할 수 있다는 기대감 때문이거

---

3 대척점에 있는 존재, 서로 닮은 것 같으면서도 정반대의 모습을 보이는 것을 뜻한다. 정
반합의 '반(反)'에 해당한다. 여기서 정반합(正反合, These, Antithese, Synthese)은 논리
적인 전개 과정으로 정(테제)이, 그것과 상반되는 반(안티테제)과 갈등과 모순을 일으켜
합(진테제)으로 초월한다.

든요. 모든 지식과 경험을 그대로 가지고 과거로 돌아간다면, 마치 초능력자처럼 미래를 훤히 내다보는 능력을 소유한 거나 마찬가지 아니겠어요? 주위에서 보기에 엄청 유능해 보이겠죠. 정말 짜릿할 거 같아요. 선생님 이야기를 들어 보니 역사를 알면 미래에 대한 불안감이 덜할 것 같네요.

상속자 이제 왜 당신이 상반된 믿음을 갖고 있었는지 이해했어요?

학 생 네, 어느 정도는요. 제 믿음의 근거를 찾지 못해서였어요. 아니, 그럴 수 있다는 사실을 눈치채지도 못했죠.

상속자 물론 우리는 자신의 개인적 경험에서 추출할 수 있죠. 아마도 집안 배경이 가장 개인적인 경험일 거예요. 가정교육과 성장 환경에 따라 그 사람에게 주입된 무의식적 성향을 부르디외는 '아비투스Habitus'라고 했고 우리는 상속자본을 구해서 집안 배경을 파괴해야 합니다. 다시 말해, 집안 배경에서 형성된 아비투스를 파괴해야 하는 거죠.

박탈감에서 해방되는 방법

학 생 머리로는 확실히 이해했어요. 하지만 가슴으로는 잘 받아들여지지 않아요. 집안 분위기나 조건은 정말 중요하거든요. 어른들이 괜히 사귀는 사람의 가정환경을 보라고 하는 게 아니에요. 선생님이 말씀하신 그 아비투스, 주입된 무의식적 성향을 보라는 거죠. 가정환경은 사람이 태어나서 접하게 되는 최초의 환경으로서, 인격 형성에도 영향을 미친다고요. 그런데 집안 배경을 파괴하라니, 어디 가서 '가정교육을 덜 받은 사람' 소리 듣기 십상이에요.

상속자 좋은 지적이에요. 가정교육 덜 받았다는 말을 들으면 기분 나쁘죠. 아니, 기분 나쁜걸 넘어서 공격으로 느껴지기까지 할 겁니다. 도대체 왜 그런 걸까요?

학 생 아무래도 가정이라는 공간은 신성시되잖아요. 가족들의 생활 습관이나 태도를 창조하는 모든 활동이 가정 생활이고요. 저도 인터넷 커뮤니티에서 그런 글을 많이 봤거든요. 가정교육을 잘 받았는지 못 받았는지 티 나는 행동, 배운 집과 못 배운 집의 차이……. 그런 게시글이 조회수도 높죠. 그러니까 제 말은, 아비투스를 파괴하라는 둥 하면서 여태까지 받아 온 가정교육을 운운하는 것은 부모를 욕하는 거죠. 부모의 권위를 신성시하는 한국 사회에서 가정교육을 들먹이는 건 다른 사람을 비난하겠다는 의도거든요. 우리 엄마도 가끔 '너 밖에서 그렇게 행동하면 가정교육 못 받았다는 소리 듣는다'라고 주의를 주세요. 저도 가정교육 못 받은 티는 내고 싶지 않으니까 저절로 주의하게 되고요.

상속자 오해는 말아요. 부르디외도 아비투스의 핵심은 가정교육이라고 여겼습니다. 하지만 아비투스는 인간의 기본적인 덕목과 예의범절을 가르치는 가정교육과는 다릅니다.

학 생 뭐가 어떻게 다른데요?

상속자 그는 아무리 자수성가를 해도, 다른 건 다 노력으로 극복해도, 집안만큼은 극복이 불가능하다고 주장합니다. 하루아침에 벼락부자가 된다 한들 뼈대 있는 집안의 상류층 자제가 될 수는 없다는 거죠. 몸에 밴 무의식적인 언어나 몸짓, 사고가 계층을 구별한다고 말하죠. 이렇듯 아비투스가 계급을 재생산하는 중요한 역할을 한다는 겁니다.

학 생 그러니까 아비투스가 계급을 다시 만들어 낸다는 거죠? 가정교육을 통해 상류층의 문화, 관습 언어를 대를 통해 끊임없이 되풀이하는 거네요?

상속자 맞아요. 그게 아비투스의 핵심이죠.

학 생 정말 불편하고 잔인한 진실이에요. 제가 안 좋은 환경에서 노력으로 성공해서 더는 물질적 결핍이 없다 해도 바꿀 수 없는 게 남아 있다는 거잖아요. 좋은 집안, 좋은 학교, 행복한 학창시절의 추억……. 이런 것들의 부재는 아비투스로 극복할 수 없어요. 좋은 환경에서 자란 사람은 취향부터 다를 테니까요. 말하면서도 허무하고 심한 박탈감이 느껴져요. 아, 정말 생각할수록 부모복이 최고다 싶네요!

상속자 우리는 모두 집안 배경으로 고민하고 괴로워하죠. 하지만 언제까지 부모복의 신화에 갇혀 있을 수는 없습니다. 스스로 사고할 수 있는 성인에게 가정교육을 들먹이는 것은 실례죠. 우리가 처음 만났을 때 말했던 것 기억하죠? 삶을 창조하는 주체는 집안 배경보다 자기 자신입니다.

학 생 기억나요. 그 대화의 연장선이라면…… 삶을 창조하기 위해서 집안 배경을 파괴하라?

상속자 그렇죠. 아비투스의 한계는 성장 가능성을 인정하지 않는다는 겁니다. 개인의 잠재력과 가능성을 집안 배경과 부모로부터 받았던 가정교육까지 끌고 들어가는 거죠. 그러나 인간의 의지를 우습게 봐서는 안 됩니다. 살아남고자 하는 인간의 의지는 강합니다. 그것은 죽고자 하는 의지보다 강하며, 생의 의지는 무시할 것이 못 됩니다.

학 생 앗, 제가 오만한 생각이라고 비난했던 것을 담아두고 계셨군요. 삶을 창조하는 건 신의 영역이라고 강한 주장을 해서 죄송해요.

상속자 괜찮습니다. 신은 자신의 권한을 인간에게 나누어 주었죠. 그걸 '신의 개입' 정도로 부르기로 하죠. 인간은 새로운 삶을 살아갈 능력이 있지만 그걸 찾지 못하거나 그럴 수 있다는 사실을 눈치채지 못합니다.

학 생 신의 개입은 아무래도 좋아요. 선생님이 사랑해 마지않는 상속자 정신을 아직도 잘 모르겠어요. 그저 박탈감에서 해방되고 싶을 뿐인데…….

상속자 박탈감에서 해방되는 방법은 운명에 대한 제한된 믿음에서 벗어나는 겁니다. 지난번에 말했죠? 더 구체적인 방법이 필요하다고. 내 제안은 이렇습니다. 먼저 '과거로 돌아가 나의 역사를 다시 쓰겠다'라고 결심해요. 집안 배경이 아닌 근현대사, 혹은 먼 역사로 들어가요. 상속자본을 구하는 거죠. 그래서 자기 예언적 믿음을 뒷받침할 근거를 찾아요. 그리고 아비투스를 파괴한다. 이것이야말로 재클린 사상이 영웅적인 점이라고 할 수 있죠.

학 생 …… 아하, 제한된 믿음에서 벗어나는 방법을 조금은 알 것 같아요.

상속자 자넷에게는 딸의 꿈보다 계급을 재생산하는 게 더 중요했습니다. 부유한 오킨클로스 2세와 재혼한 그녀의 아비투스는 대저택의 안주인이 되는 데는 안성맞춤이었고요. 재클린에게 기존 질서에 충실하기를 강요한 것도 이 때문이에요. 한동안 재클린도 '남자들은 똑똑한 여자보다 예쁜 여자를 좋아한다'라는 제한된 믿음에 갇혀 있었죠.

학 생 정말요? 어떻게 갇혀 있었는데요?

상속자 재클린은 자신이 미인이 아니라는 사실을 끊임없이 의식했어요. 낮잠 잘 시간에도 유모를 피해서 책 읽는 걸 더 좋아하는 자신의 모습은 장래에 큰 도움이 안 된다고 생각했죠. 당시 여자로서는 키가 너무 크

고, 얼굴은 각이 졌고, 눈 사이가 멀어 맞는 안경이
없고, 여성스러운 몸매도 아니었어요. 똑똑하기만
한 자신은 남자들에게 매력이 없을 테니 기숙사 사
감이 되거나 수녀가 될 거라고 생각했죠.

'운명의 선택지'를 어떻게 창조하는가

학 생 흐음.

상속자 운 좋게도 재클린은 중학생이 되면서 집에서 멀리
떨어진 기숙학교에 합격했습니다. 우선 어머니와 거
리를 두는 데 성공했죠. 남자의 기를 죽일 수도 있으
니 똑똑한 티를 내지 말라고 끊임없이 지적하는 어
머니의 통제에서 일시적으로 벗어난 거예요.

학 생 어머니의 입장도 이해는 가요. 사실 어느 부모가 딸
에게 아무런 득이 되지 않는 공부를 하라고 권하겠
어요?

상속자 그래서 재클린도 어머니의 말에 순응했고 지식에 대
한 열정을 감추어야 한다고 믿었죠. 학교에 도착해
보니, 또래 학생들은 자신들의 미래가 태어나는 순

간 결정된 것처럼 행동했어요. 그것은 자신의 가정에서 가지고 온 아비투스였죠. 부모님 뜻을 거스르지 않으면 위험으로부터 더 안전하게 보호받는다. 나는 살아가면서 자연스레 얻어질 것들과 상속받을 것이 많다. 그리고 아비투스에 누구도 의문을 가지지 않았어요. 그 틈바구니에서 재클린은 자신은 아무데도 낄 수 없다는 느낌을 받았죠.

학 생   자신이 이 세계에 속해 있다는 느낌을 받을 수 없었군요.

상속자   미스 포터스 스쿨은 설립된 지 100년이 지났는데도 변한 게 거의 없었거든요. 그곳은 매우 '가족 같은 분위기'의 학교였죠. 한 외부 인사는 사춘기 소녀들이 스스럼없이 어른들을 대하는 태도에 깊은 인상을 받았어요. 교정에서 낯선 사람과도 눈을 마주치고 밝게 인사하는 모습이 마치 "여기에 올 정도면, 당신도 나 같은 사람이겠네요"라고 말하는 듯했죠. 어머니, 이모, 여동생까지 가족 전부가 미스 포터스를 졸업한 경우가 많았고, 집안 배경이 운명이라고 믿는 것이 차라리 편해 보였어요.

학 생   그 믿음을 의심해야 할 이유가 전혀 없었겠네요.

171

상속자   그때부터였어요. 재클린은 "이제부터 과거로 돌아가 나의 이상적인 역사를 다시 쓸 거야"라고 결심이라도 한 듯 행동에 옮겼죠.

학 생   기숙학교에서 그게 가능했다고요?

상속자   책과 도서관만 있는 곳이라면 어디든 가능했어요. 재클린은 혼자 있는 시간을 확보하기 위해 여러 방법을 강구했죠. 수줍음 많고 내성적인 성격 덕분에 혼자 있는 시간이 두렵지 않았어요. 저녁이 되면 친구들은 서로의 방에 모여서 소등 전까지 놀며 이야기꽃을 피웠어요. 재클린은 방에 남아 책을 읽겠다고 했죠. 대부분 프랑스 문학이었어요. 수많은 등장인물의 삶을 통해 다양한 선택지를 간접적으로나마 경험했어요. 그건 부모님이 제공한 환경에서는 도저히 생각할 수 없는 선택지들이었어요.

학 생   어쩐지 치열해 보이는데요? 독서가 취미가 아니라 생존을 위한 수단 같기도 하고요.

상속자   정말 그랬어요. 공부를 하지 않을 때도 항상 책을 끼고 살았죠. 남자아이들보다 책을 더 좋아한 탓에 한 어머니는 자신의 딸이 재클린과 같은 기숙사 방을 쓰지 않도록 조치를 취했어요.

학 생 　 네? 어째서요?

상속자 　 사교성을 키우라고 비싼 학비를 주고 기숙학교에 보
냈는데, 방에서 책만 읽는 재클린과 어울리면 인맥을
넓힐 기회가 그만큼 줄어든다고 생각했기 때문이죠.

학 생 　 자녓이 특별한 건 아니었군요. 그 시대 어머니들은
다 똑같았네요.

상속자 　 재클린은 개의치 않고 친구들에게 "쉿! 책 읽는 중이
야"라고 했어요. 프랑스 역사와 문학은 똑똑하고 지
적인 여자들을 존중하는 남자들이 등장하는 풍부한
사례집이었죠. 재클린의 내면에 서서히 변화가 생기
기 시작했어요. 글을 쓰기 시작했고, 작가가 되고 싶
다는 꿈을 키우고, 언젠가 미국의 위대한 소설을 쓰고
싶다고 생각했죠. 책 속에서 어머니가 정해 놓은 삶
외에 다양한 선택지가 있다는 걸 발견한 거예요. 재
클린은 독서를 통해 '운명의 선택지'를 창조했어요.

학 생 　 운명의 선택지요?

상속자 　 부모를 선택해서 태어날 수 없기에 대다수 사람들은
운명은 이미 태어나는 순간 결정된다고 믿어요. 이런
제한된 믿음은 주어진 상황과 계급에 순응하는 태도
를 키우죠. 그리고 쉽게 '글쎄, 난 선택의 여지가 없

어' 또는 '우리에겐 선택지가 없다'라고 생각하며 선택할 수 있는 가능성들을 없애 버려요. 그러나 역사와 독서는 운명의 선택지를 제공하는 풍부한 사례집이죠. 우리는 선물 상자에서 사탕을 고르듯 삶을 창조하기 위해 그 선택지를 늘릴 수 있어요.

학 생 ……그러니까 인생에는 여러 선택지가 있다, 단 하나의 문만 있는 인생은 없다?

상속자 그래요. 몇 년 동안 책을 통해 수집한 근거가 확신이 되자 재클린은 바사대학교에서 2학년을 마치고 프랑스 파리로 교환학생을 가겠다고 선언했어요. 부모님은 결사반대했지만, 어느 누구도 그 고집을 꺾지는 못했죠. 자신이 생각하기에 맞는 길을 가기로 작정한 그녀를 말릴 수는 없었어요. 유학은 한 순간의 변덕이 아니라 바사대학교를 자퇴하면서까지 내린 결정이었어요. 그간 책으로만 접했던 프랑스 문화와 역사, 그리고 사람들과 몸으로 부딪히고 싶은 마음이 간절했죠.

학 생 부모님의 뜻을 거스르는 게 쉽지 않았을 것 같아요. 부모님 말을 잘 듣는 착한 딸이고 싶은 인정 욕구는 누구에게나 있을 거란 말이죠. 특히 자기를 끔찍하게 사랑해 준 아버지가 반대한다면 그것을 모른 척 하기 어렵고요.

상속자   삶을 창조하는 건 그대 자신이지 그대의 부모님이 아닙니다. 어느 순간에는 인생의 고삐를 부모님에게서 넘겨받아야 할 때가 오죠. 그때부터는 운명의 전차를 우리 스스로 이끌어야 합니다. 프랑스에 간 재클린의 손에는 고삐가 쥐어졌어요. "예전에는 지식에 대한 갈증을 늘 숨기려고 했는데, 이제는 그걸 부끄러워할 필요가 없다는 걸 알게 되었어요." 그녀는 말했죠. 남자들은 머리가 좋은 여자보다 예쁜 여자를 더 좋아한다는 어머니의 충고를 드디어 떨쳐 버렸어요. "내 평생 그렇게 열심히 공부한 적은 없었다"라고 기억할 만큼 최선을 다했죠.

학 생   아하, 그녀의 믿음이 바뀐 순간이군요.

재클린 사상의 진실의 한 조각이 드러났다. 상속자가 설명한 '상속자본'은 매우 충격적인 내용이었다. 과거로 돌아가 나의 이상적인 역사를 다시 쓸 수 있다니! 자유자재로 집안 배경을 파괴하고 재창조하라니! 그러나 마음에 걸리는 게 있다. 나한테 물려주는 사람이 없는데 물려받는 건 모순어

법 아닐까? 고상하게 가만히 앉아서 물려받을 수는 없는 걸까? 그런 편한 인생이 왜 아직도 부러운 걸까? 학생은 망설이듯 입을 열었다.

믿음의 힘을 외면하지 말라

학 생 지금껏 많은 대화를 나누었지만, 그래도 부모복이 최고라는 생각은 변함이 없어요. 부모복을 이길 수 있는 게 있을까요? 친구들을 보면 부모님께 받은 용돈으로 호캉스를 즐기거나 맛집을 찾아다니는 애도 있는 반면, 학비와 생활비를 벌기 위해 평일, 주말 가릴 것 없이 아르바이트를 하는 애도 있어요. 이런 상황을 보면 인생의 95%는 부모복에서 출발한다는 생각이 저절로 든다고요. 얼마 전에 SNS에서 봤는데, 유명 인사의 20대 딸이 미술 개인전을 열더라고요. 재력이 뒷받침되니까 남보다 쉽게 하고 싶은 걸 하고 되고 싶은 게 되는 것 같아요. 선택지가 엄청 넓은 거죠. 노력해서 '운명의 선택지'니 뭐니 하는 걸 창조하지 않아도 되잖아요.

상속자 하하, 노력하고 싶지 않은 거군요. 본인 능력이 출중한 것보다 우월한 게 있다, 예컨대 돈 있는 집 자식으로 혜택받는 삶이다, 이 말인지요?

학 생 재력도 재력이지만, 인성도 어느 정도 부모복에서 기인한다고 봐요. 인성이 제대로 갖춰진 부모 밑에서 자란 사람은 순탄하게 출발하는 거죠. 화목한 환경에서 재테크나 인생의 지혜도 알려 주고, 자존감도 높여 주고요. 부모복이 있는 사람이 완전히 망하는 경우는 별로 없는 것 같아요. 아무리 힘들어도 믿고 의지할 수 있는 곳, 돌아올 곳이 있는 것. 그게 바로 부모복이에요. 선생님은 이해 못 하실지도 모르겠지만요.

상속자 왜요, 부모가 뿌리 같은 존재라는 거잖아요. 뿌리 깊은 나무는 어떤 매서운 바람이 휘몰아쳐도 이길 수 있다는 말이 떠올라요.

학 생 맞아요. 부모복이 단순히 경제적 지원만을 말하는 게 아니에요.

상속자 예컨대 좋은 일이나 나쁜 일이 생기면 함께 진심으로 기뻐해 주고 함께 고민하는 부모님이 인생을 든든하게 한다는 거죠?

학생 　누군가 그러더라고요, 부모님의 사랑은 세상을 살아
　　　가는 힘이라고요. 제 친구는 아버지하고 소통이 너
　　　무 안 되고 힘들어서 오랫동안 방황했다고 했어요.
　　　심리학 책을 정말 열심히 읽으면서 겨우 지금처럼
　　　어느 정도 안정된 상태가 될 수 있었다고, 그런데 행
　　　복한 애들은 이런 노력을 할 필요 없이 정서적 안정
　　　을 누리지 않겠냐고. 돈 많은 부모가 인생에 큰 도움
　　　이 되는 것도 사실이지만, 충분히 사랑을 주는 부모
　　　밑에서 자라는 것도 정말 중요해요. 정서적으로 학
　　　대당하며 자란 사람이 자수성가해서 돈을 많이 번다
　　　고 해도, 상처받은 내면 때문에 힘들어하는 경우가
　　　많잖아요.

상속자 　그러니까 그대의 신념을 요약하면 이런 거네요. 부
　　　모복은 인생 전부를 좌우한다. 돈도 돈이지만 사랑
　　　을 듬뿍 받으며 자라서 자존감도 높다. 그래서 예의
　　　도 바르고 사회생활도 잘한다. 스스로를 아끼고 사
　　　랑할 줄 아니 배우자도 절대 함부로 고르지 않는다.
　　　비슷한 사람을 만나서 서로 존중하며 견고하게 산
　　　다. 맹목적인 내 편이 든든하게 후방을 지원해 주니
　　　어떤 어려움을 만나더라도 잘 헤쳐나갈 수 있다.

학 생 시, 신념까지는 모르겠지만⋯⋯. 대략 그런 거죠!

상속자 아, 한마디 덧붙일게요. 이 모든 것은 제대로 된 부모를 갖지 못한 사람은 평생 알기 어려운 것이다.

학 생 선생님, 또 제가 한 말을 외면하고 '상속자본을 구하세요'라고 하실 거죠? 세상에 별다른 노력 없이 경제적, 정서적 안정을 누리는 사람이 이렇게나 많은데요.

상속자 아니에요. 당신이야말로 믿음의 힘을 외면하고 있어요. 게다가 인간이 인간에게 완전한 것을 물려주고 받을 수 있다는 오만한 신념까지 있어요. 그거야말로 신처럼 행세하는 거죠.

학 생 네? 제가 오만하다고요? 그런 말은 처음 들어요.

상속자 믿음에는 파괴와 창조의 힘이 있어요. 믿음의 힘이 얼마나 강력한지 당신은 아직 모르고 있죠. 마치 결정된 운명론처럼 부모복이 최고라고 생각하고요. 자수성가가 불가능한 시대이니 부모복이 최고라는 믿음도 시대의 산물이에요. 그러나 부모도 한낱 나약한 인간일 뿐이죠. 그래서 불완전할 수밖에 없어요. 이걸 이해하지 못하면, 당신은 완벽하지 않은 부모를 평생 용서하지 않으면서 살겠죠.

학 생 ……제가 믿음의 힘에서 도망치고 있다는 말씀인가
요?

상속자 부모복도, 물려받는 것도 자발성 없이 남의 힘으로
움직이는 수동적인 삶의 자세죠. 상속자본을 구하는
것은 수동적인 것이 아니에요. 받는 것에 기대는 순
간 운명이란 전차의 고삐를 타인에게 넘기는 것이
죠. 그래서 상속자본을 구하는 것은 내가 물려받고
자 하는 것을 내가 정하는 능동적인 행위이죠.

상속자본은 영웅성을 회복한다

상속자 몇 번이고 말했지만, 재클린 사회학은 "모든 고민은
타고난 운명에서 비롯된다"에서 시작합니다. 즉 우
리는 타고난 운명에서 해방되기를 바라고, 타고난
운명에서 자유로워지기를 갈망하죠. 그러나 남이 떠
먹여 주는 인생을 바라는 사람은 그만큼 남이 정해
준 대로 살아야죠. 수동적으로 앉아서 고통스럽고
절망스러운 현실을 어쩔 수 없이 받아들이면서요.
언제까지 남이 시키는 대로만 살 작정입니까?

학 생 좋아요. 그럼 말씀해 주실 수 있어요? 제가 왜, 어떻게 이 완고한 신념을 버려야 하는지요.

상속자 재클린의 인생에 가장 큰 영향을 미쳤던 부모님은 상반된 태도로 그녀를 혼란스럽게 만들었어요. 어머니는 재클린의 외모를 못마땅해하는 편이었던 반면, 아버지는 항상 재클린을 예뻐했죠. 만나는 사람들에게 딸이 타고난 승마 선수며 실력만 좋은 게 아니라 '경기장 안에서 가장 예쁜 아이'라고 자랑했어요. 친척들 모임에서도 딸들에게 칭찬 세례를 퍼부었죠. 이를 본 가족들은 칭찬을 의미하는 'Praise'의 앞 글자를 따서 비타민P라고 불렀어요.

학 생 하하.

상속자 아버지의 칭찬은 어머니에게 들은 독설의 충격을 달래 주었죠. 자넷은 까무잡잡한 피부를 지닌 딸아이가 미웠어요. 여자를 밝히고 씀씀이가 헤퍼 불행만 안겨 준 남편과 닮았기 때문에 더 못나 보였던 건지도 몰라요. 어쨌든 자기를 너무도 예쁘게 봐 주는 아버지 덕분에, 재클린은 '난 예쁘지 않은데'라는 생각에서 조금씩 벗어났어요.

학 생 와, 저라도 믿고 싶은데요.

상속자 　재클린의 아버지 잭 부비에는 딸에게 프랑스식 성만
　　　　물려준 게 아니었어요. 그는 멋진 스타일을 보여 줌
　　　　으로써 취향은 돈으로 살 수 없다는 것을 가르쳐 주
　　　　었죠. 그는 특유의 당당함으로 여자들의 감탄을 자
　　　　아낸 베스트 드레서였어요. 재클린의 어머니가 사람
　　　　들 속에서 튀지 않는 걸 강박적일 만큼 고집했던 것
　　　　과는 사뭇 달랐죠. 자넷은 앵글로색슨계 백인 신교
　　　　도 스타일을 촌스러울 정도로 엄청나게 신경 썼어
　　　　요. 두분 사이에서 재클린은 자신을 약하게 하는 믿
　　　　음보다는 자신을 구하는 믿음을 선택했죠. 아버지
　　　　의 칭찬 덕분에 재클린은 패션 잡지를 꾸준히 읽었
　　　　고, 스케치를 하면서 어떻게 하면 옷을 잘 입을 수 있
　　　　을까 연구했어요. 어머니가 트집 잡은 단점들을 패
　　　　션 센스로 극복할 수 있겠다 싶었죠. 자신은 골격이
　　　　다른 동생과 다르게 여성스럽지도 않고, 머리카락은
　　　　부스스했죠. 손과 발은 크고, 어깨와 골반도 벌어졌
　　　　죠. 그래도 꿋꿋하게 재클린은 '나는 예뻐' 라고 믿었
　　　　고, 그 믿음은 신체까지 변화시켰어요.

학 생 　어떻게요?

상속자 　먼저 자세부터 달리했습니다. 수줍음이 많은 그녀는

쉽게 움츠러들었는데, 승마를 시작하고 나서는 대나무처럼 꼿꼿하게 걸었어요. 그건 사람들의 시선을 사로잡는 카리스마 있는 분위기를 자아냈죠. 목소리도 달라졌습니다. 나지막하고 다정하게, 마치 아기 고양이처럼 가르랑거리는 말투로 자신에게 부족했던 여성미를 더했어요. 옷차림도 달리했죠. 굽 낮은 구두를 신어서 270mm의 큰 발을 가렸고, 장갑으로 큼지막한 손과 긴장할 때마다 물어뜯은 손톱을 가렸어요.

학생 선생님이 아까 말했던 자기 실현적 예언이로군요!

상속자 그래요. 어머니의 여러 부정적인 평가에도 재클린은 1947년 가을, 신문 칼럼니스트에 의해 '올해 사교계의 새 얼굴'로 선정되었어요. 보통은 더 예쁘고 화려한 아가씨가 새 얼굴로 뽑히지만 재클린에게는 그들에게는 없는 무언가가 있었죠. 기자는 그녀에게 절제된 우아함이랄까, 뭔가 특별한 게 있다고 말했어요. 부끄러움을 많이 타고 혼자 있는 것을 지극히 좋아하는 성격이지만, "사람들 속에 섞여 있어도 눈에 띈다"라고 소개했어요. 재클린의 전설이 만들어지는 순간이었죠.

학 생 ……상속자본을 구하는 것은 결국 미래의 나를 구하는 것이네요!

상속자 왜 그렇게 생각하죠?

학 생 저는 과거에서 박탈감을 느꼈잖아요. 그런데 재클린은 너무도 다른 부모님 밑에서 스스로 물려받고자 하는 주도성을 발휘했어요. 저도 오래전에 잃어버린 주도성을 되찾을 수 있다면…… 과거의 저는 떠나보내고, 미래의 나를 구할 수 있겠죠.

상속자 그것이 부모복이 최고라는 신념을 버리는 입구에 들어서는 겁니다.

학 생 좋아요. 어디까지나 믿음의 문제라는 거군요? 그러면 슬슬 본론으로 넘어가 주세요. 아까부터 자꾸 믿음을 강조하시는데, 대체 선생님이 생각하는 믿음이란 무엇인지요? 우리는 무엇을 믿어야 하는 걸까요?

상속자 단적으로 우리가 '상속자로 다시 태어날 수 있다는 것'을 믿는 것이죠.

학 생 구체적으로 어떻게요?

상속자 당신 말대로라면 부모복이 있는 사람들만 상속자로 태어나겠죠. 그러나 인간은 '거듭남'을 통해서 신의 자녀로 살아갈 수 있어요. 여기서 거듭남이란 영적으로 다시 태어나는 것을 말해요. 신이 아버지이고 그대가 신의 딸이라는 것을 믿는다면 운명이 달라지겠죠. 그리고 신의 자녀이기 때문에 상속자인 것이랍니다.

학 생 ······잘 이해를 못 하겠어요.

상속자 그리스 로마 신화의 영웅들은 대체로 신의 아들이거나 신의 자손이었죠. 그들에게는 육신을 낳아 준 육의 아버지가 있고, 영혼을 낳아 준 영의 아버지인 신이 있었어요. 마찬가지로 우리는 인간의 자녀이기 이전에 신의 자녀들이에요. 인간의 자녀는 인간이 키우지만 신의 자녀는 신이 키우죠.

학 생 ······하지만 저는 영웅이 아닌데요!

상속자 평범한 그대도 특별한 운명을 타고 태어났습니다. 상속자본은 영웅성을 회복하죠. 우리는 모두 신의 자녀이기 때문에 그 믿음만 있다면 불가능한 것도 가능하게 할 수 있지 않겠어요? 설령 그게 타고난 운명의 문제라도 말입니다.

타고난 운명의 열쇠는 '내'가 쥐고 있다

학 생   아직도 거듭남이 뭔지를 잘 모르겠어요. 더 자세히
　　　　설명해 주세요.

상속자   좋아요. 이것을 이해하면 '상속자로 다시 태어나는
　　　　것'의 숨겨진 진의를 알 수 있답니다. 그것은 신의 자
　　　　녀로 거듭나라는 뜻이죠. 그것은 그대 안의 영웅성
　　　　을 회복하게 할 거예요. 거듭남은 새 생명을 가져오
　　　　는 재출생이에요. 그대와 나는 지금 이 순간에 살아
　　　　숨쉬고 있죠. 그건 생명을 이미 갖고 있기 때문이에
　　　　요. 그러나 거듭남을 통해 또 다른 생명을 갖죠.

학 생   또 다른 생명이요?

상속자   우리는 이미 부모님으로부터 인간의 생명을 받았어
　　　　요. 하지만 부모님 또한 인간이기 때문에 시대적 상
　　　　황과 성장 환경의 산물일 수밖에 없어요. 재력 있는
　　　　부모를 둔 자녀가 사랑이 부족했다고 원망하거나, 사
　　　　랑받고 자란 자녀가 경제적 지원이 부족한 부모를 원
　　　　망하는 이유겠죠. 유년시절이 아주 완벽하게 만족스
　　　　럽다고 여기는 사람은 생각보다 많지 않을 거예요.

학 생   ……제각기 부모복에 대한 해석이 다른 이유이기도

하겠네요?

상속자 그래요. 그러므로 거듭남이란 우리가 이미 소유하고 있는 인간의 생명 이외에 신성한 신의 생명을 갖는 것이죠.

학 생 인간으로서 가진 생명 이외에 신의 생명을 갖는다? 그래서 다른 출생을 필요로 하겠네요?

상속자 우리가 부모님에게서 태어나는 것을 출생이라고 하듯이, 신의 자녀로 다시 태어나는 것을 재출생, 또는 거듭난다고 하죠.

학 생 하지만 그게 어떻게 가능해요?

상속자 인간에게는 피와 살로만 이루어진 육체만 있는 것이 아니라 영혼이 있기 때문이에요. 다시 태어나는 '거듭남'은 결국 완전히 새롭게 시작하는 것이죠. 그대가 원했던 운명을 바꾸는, 새로운 운명을 살아가는 비밀이에요.

학 생 기적 같은 비밀이네요. 오늘 집에 가서 곰곰이 생각해 보겠어요!

상속자 그래요. 나도 오늘은 여기까지만 하는 게 좋겠어요. 그럼 마지막으로 나에 대한 이야기를 하고 오늘 대화를 마칠까요?

학 생 　알겠습니다.

상속자 　내가 지금 하려는 얘기도 집안 배경과 관련된 것이
　　　　에요. 나는 20대 전에는 우리 집이 부족함이 없다고
　　　　생각했고, 꽤 유복하다고까지 생각했어요. 자연 속
　　　　에서 뛰놀며 자유롭게 자라서인지 설령 가난했다 하
　　　　더라도 그것을 못 느낀 거죠.

학 생 　아, 객관적인 환경과 상관없이 주관적으로 유복하다
　　　　고 느꼈네요?

상속자 　그랬을 수 있죠. 적어도 스무 살에 첫사랑을 만나기
　　　　전까지는 그랬어요. 내 첫사랑은 유서 깊은 가문의
　　　　자제였어요. 소위 유럽의 명문가 출신이었죠. 그때
　　　　비로소 '계급과 신분의 벽'을 처음으로 느끼게 되었
　　　　죠. 총명함만 있으면 세상 사는 데 어려움이 없을 것
　　　　이라고 자부했던 내가 맞닥뜨린 엄청난 고통이었어
　　　　요.

학 생 　그 고통으로 수저계급론을 믿게 되었겠군요.

상속자 　믿을 수밖에요. 그래요, 내가 재클린의 사상을 알기
　　　　전까지는 그랬죠. 아무도 이 고통을 해결할 방법을
　　　　가르쳐 주지 않았거든요. 내가 찾는 답은 도서관에
　　　　늘 있었는데 말이에요.

학 생 선생님이 느꼈던 고통은 어떤 것이었나요?

상속자 앎이 고통이 되는 순간이었죠. 평생 모르고 살던 세계를 마주하게 된 것, 아예 모르고 살았더라면 덜 괴로웠을 거예요. 그녀의 세계 안에 들어가서 느낀 상대적 박탈감이 엄청났거든요. 지난번에 말했던 숨어 있는 계급, '부를 과시하지 않고 과묵하게 사는 것이 좋다'를 실천하며 사는 사람들이었죠. 20대 초반에도 몇 대를 이어 부를 축적해 온 가문 덕분에 나와는 대화의 주제부터가 달랐어요. 미술을 보는 안목 같은 문화자본은 내가 죽었다 깨어나도 따라잡을 수 없을 것처럼 보였죠. 불평등한 세상에 대해 분노와 무력감이 동시에 들었어요. 재클린 사회학을 알기 전까지는 나도 그렇게 생각했어요.

학 생 바로 그 말이 듣고 싶었어요! 선생님은 처음부터 상속자 정신을 운운하면서 앎의 중요성을 강조하셨지만, 요즘 사람들은 너무 쉽게 알 수 있기 때문에 박탈감에 시달리는 거라고요. 알아 버리고 나니 수저계급론은 피할 수 없는 숙명이 되었죠.

상속자 그렇지 않아요. 타고난 운명의 열쇠를 누가 쥐고 있느냐 생각해 보면 달라지겠죠. 수저계급론으로 세상을 바라보면, 인간관계를 권력관계로 볼 수밖에 없어요. 나보다 재산을 더 물려받은 사람, 덜 물려받은 사람 오로지 두 가지로 나뉘죠. 하지만 인간은 사랑할 때만큼은 동등해요. 인간관계를 내가 먼저 따뜻한 시선으로 바라보면 세상이 달라지죠. 그녀와 나 사이에는 분명 격차가 있었지만, 서로 사랑했기 때문에 영혼만큼은 동등했어요. '그녀도 나와 같은 영혼을 갖고 태어난 사람이다'라고 생각하면 타고난 운명의 열쇠를 내가 쥐게 되죠.

학 생 정말 그런 거예요?

상속자 물론이죠.

학 생 아무리 사랑해도 결국 헤어지셨잖아요. 만약 그분과 잘되었다 한들 선생님이 살면서 겪어야 차이를 극복할 수 있었을까요?

상속자 그래서 집안 배경을 파괴하라는 겁니다. 내가 그 사람을 사랑했다는 사실은 영원히 변하지 않을 거예요. 그리고 사랑했던 경험은 나를 성장시켰고, 나는 이전의 내가 아닙니다. 많이 아팠지만 내 삶을 창조해 나갈 원동력을 얻은 셈이죠. 문제는 내가 제한된 믿음에 갇혀 있느냐 아니냐 하는 거예요. 감정적으로 죽기 시작하면 엉뚱하게도 인간은 자기 자신을 파괴하기에 이르죠. 그러므로 모든 수단을 다해서 막아야 해요.

학 생 그러니까 선생님은 고통스러웠지만, 스스로를 파괴하기보다 다른 것들을 파괴하기로 선택한 것이네요? 이를테면 선생님을 구속하고 있던 모든 것들…….

상속자 집안 배경을 파괴하는 것을 배우고 나면 모든 열쇠를 내가 쥐고 있다는 사실을 알게 될 거예요. 파괴는 곧 창조의 길로 향한다는 것도요. 오늘 대화를 돌아가서 깊이 있게 음미해 보세요. 다음번에도 이곳에서 기다릴게요.

학 생 알겠습니다. 깊게 생각해 볼게요.

상속자 그럼…….

학 생 선생님, 마지막으로 하나만 더 묻고 싶어요.

상속자 물어보세요.

학 생 ……결국 첫사랑을 잊으셨나요?

상속자 아니요. 그를 신이 내게 거듭나라고 보내 주신 선물이라고 믿기 때문에, 평생 잊지 못할 거예요.

네 번째 만남

상속자본은 어디에서 구하는가

학생 앞에 새로운 문이 열리는 듯했다. 운명의 열쇠가 바로 믿음이라니. 그토록 찾아 헤맸던 진리가 내 가슴속에 있었다는 말 아닌가. 심장이 두근거리기 시작했다. 집안 배경의 속박으로부터 자유로워질 수 있다니. 그런데 아직 남은 의문이 있었다. 애초에 수저계급론은 내가 돈을 많이 벌면 해결될 문제 아니었을까? 만약 그렇다면, 나의 믿음으로 경제적 자유를 이루리라.

경제적 자유를 버리라

상속자　오늘은 표정이 참 밝네요. 무슨 좋은 일 있어요?

학　생　얼마 전에 백 년의 역사를 지녔다는 호텔 앞을 지나갔어요. 예전엔 저런 데 묵는 사람들은 어떨까, 호기심과 함께 괜히 주눅 들었죠.

상속자　그래요, 그럴 수 있죠.

학　생　으리으리한 호텔의 위용 앞에서도 압도될 필요가 없다는 걸 문득 깨달았어요.

상속자　무엇을 깨달았길래 그랬을까요?

학　생　저 또한 역사를 물려받았다고 하셨잖아요. 숨겨진 유산을 찾았으니 앞으로 무엇을 할까 상상했어요. 나중에 고급 호텔에 마음껏 드나드는 사람이 될 수도 있고요. 얼마 전에 도서관에서 이런 구절을 발견했어요. 어떤 책의 카피였는데, "경제적 자유, 시간적 자유, 모든 것을 초월한 자유를 원한다면 꼭 읽어 보세요." 참 유혹적이지 않나요? 순간 읽고 싶다는 욕구가 강하게 들었어요. 선생님, 궁금해요. 집안 배경으로부터 자유로워지는 최종 목적지에는 경제적 자유가 있지 않을까요?

상속자 좋은 질문이네요. 확실히 경제적 자유가 매력적인 구호이긴 해요. 자본주의 사회에 태어난 사람 가운데 경제적 자유를 꿈꾸지 않는 이는 없겠죠. 그런데 지난번에는 돈이면 다 된다는 건 아니라더니, 왜 갑자기 바뀌었어요?

학 생 그게, 제가요……. 방황하고 있는 중이라 그래요. 무엇을 추구해야 할지 모르겠어요. 제 영혼이 돈에 잠식되는 건 싫다고 말했어요. 그런데 도서관에서 같이 공부하던 친구랑 얘기하고 흔들렸어요. 친구 말이 요즘 대학생들이 열심히 읽는 책이 주식 부자, 부동산 부자 되는 법이래요. 친구는 영어 전공인데, 글

쓰기 과제에 주식 투자가 취미라고 적었대요. 친구의 영향인지 초조해졌어요.

상속자 그 친구가 생각하는 경제적 자유란 무엇이던가요?

학 생 친구의 말에 따르면 내 시간을 마음대로 쓸 수 있는 자유래요. 경제적 자유가 없으면 꼬박꼬박 일찍 일어나서 원치 않는 시간에 출근하고, 원치 않는 감정 노동하다 지쳐서 퇴근하는 생활을 계속하는 거라고요. 경제적 자유를 얻는 순간 지옥철에 시달릴 필요 없고, 상대하고 싶지 않은 사람과 대면할 가능성도 적어지죠. 아직 20대인데 벌써 40대 이후를 계획하고 있더라고요! 일찍 은퇴해서 여유로운 삶을 누리고 싶대요. 앞으로 열심히 공부를 한들 적은 월급에 불만을 가지면서 살 것 같다고 했어요. 다른 측면으로는 불공정한 대우에 참지 않고 그만둘 수도 있을 거래요. 고액 연봉을 주는 직장에 입사했는데 일에 지나치게 치우친다거나 회사 문화가 자신의 신념과 윤리에 맞지 않으면 어떡해요? 묵묵히 참아 내며 꾸역꾸역 출근길에 나서지 않는 미래를 그려 보았어요. 그래요, 경제적 자유를 찾으면 저도 지독한 방황을 끝낼 수 있겠죠?

상속자 그럴 수도 있겠죠.

학 생 뭔가 다른 생각이 있으신가요?

상속자 그런 경제적 자유는 진정한 자유가 아니라는 생각이 듭니다.

학 생 어째서요? 그 점은 저도 곰곰이 생각해 봤어요. 그토록 많은 사람들이 경제적 자유를 갈망하는 건 물려받은 재산 없이는 이 세상을 사는 게 큰 불행이기 때문이죠. 그래서인지 '굴레'라는 단어가 계속 떠올라요. 우리는 모두 타고난 운명이라는 '굴레'에 엉켜서 발버둥 치며 괴로워하고 있어요. 상상해 보세요. 경제적 자유에 도달하면 불평등이니, 수저계급론과는 상관없는 사람처럼 살 수 있겠죠. 그 굴레를 벗어 버리면, 얼마나 마음이 편해질지…….

상속자 필연적으로 그 굴레를 벗어 버리지 못하는 사람들도 있겠죠. 그게 당신이 될 수도 있고, 내가 될 수도 있습니다. 우리가 그 굴레에 남을 수도 있습니다. 그렇다면 문제는 '남겨진 사람들은 어떻게 할 것인가'이겠죠. 그대가 말한 경제적 자유를 이룬 사람은 극소수일 겁니다. 소수만 누릴 수 있는 자유를 진정한 자유라고 볼 수 있을까요?

학 생 선생님도 아시잖아요. 타고난 계층의 고민은 그야말로 '돈에 구애받는 상태'에 집약되어 있어요. 우리 인간은 살아남는 게 중요해요. 금수저 아니고선 살아남을 수가 없고, 치열한 경쟁을 해야 해요. 타인을 고려할 겨를이 없다고요. 그게 우리가 물려받은 사회인데 어쩌겠어요? 선생님처럼 인문학 소양도 갖추면 좋겠지만 전 고상하기만 하고 가난한 건 싫어요. 부유하면서 고상하고 싶어요. 집안 배경이 운명이라는 믿음을 버렸으니, 이제 자수성가하면 되겠죠. 제가 그 소수가 될지 누가 알아요?

상속자 알겠어요. 지금 그대가 한 얘기를 재클린 사회학의 관점에서 설명하죠. 재클린 사상은 경제적 자유를 버리라 합니다.

학 생 경제적 자유를 버리라고요?

상속자 그렇죠. 돈이 내게 자유를 줄 것이라는 믿음을 버리라는 말이에요.

학 생 역시 믿음의 문제로군요……. 하지만 버리고 나면, 그다음은요? 타고난 계층에서 저 스스로를 어떻게 구하란 말인가요? 나 자신을 구하지 못하면 아무도 저를 구해 주지 않을 거라고요!

상속자   무엇을, 또는 누구를 구해야 하는지 알면 버리는 건 쉽죠. 모르니까 집착하고 놓지 못하는 겁니다. 지난 번에는 타고난 운명의 고민을 해결하기 위한 처방전으로 집안 배경의 파괴에 관해 설명했어요. 오늘은 재클린을 둘러싼 가장 큰 오해를 풀어 갈 거예요. 그러다 보면 최종 목적지에 다다를 겁니다.

상속자본으로 '그 사람'을 구하러 가라

학 생   선생님, 그건 너무 안일한 이야기 아닐까요? 현실은 각자도생해도 살아남기가 힘들어요. 그런데 무엇을, 또 누구를 구해야 하는지 알아야 한다니요. 제가 감당할 수 없는 영역이에요.

상속자   경제적 자유의 위험이 거기에 있습니다. 왜 인간은 돈이 자유를 줄 것이라고 믿는 걸까요? 대개 사회적 분위기의 영향이죠. 각자 스스로 살기를 유도하고, 남이야 어떻게 되든 알 바 아니게 됩니다. 나만 아니면 된다는 무관심과 이기주의가 퍼지고, 결국 우리는 누구도 자유롭지 못한 채 서로 살릴 여력조차 잃어버리죠.

학 생   착하게 살면 물론 좋죠. 하지만 남만 도우며 살다간 저도 '남겨진 가여운 사람들' 중 하나가 되고 말 거예요.

상속자   그대는 더 이상 과거에 머물지 않고 미래를 향해 한 발짝 내디뎠습니다. 상속자본을 통해 스스로 역사를 다시 썼죠. 그것으로 자신을 구원한 겁니다. 이제는 타인을 구원할 때입니다.

학 생   말도 안 돼요!

상속자   상속자본의 비밀이 여기에 있어요. 우리는 '상속자본으로 타인을 구하러 가야만 한다'는 것이죠.

학 생   구하러 가라고요?

상속자   재클린은 자신을 위해서만 상속자본을 축적하지 않았어요. 어떤 계기를 통해 타인을 위하여 사용하지 않으면 안 된다는 것을 깨달았죠.

학 생   그건 착하게 살라는 강요나 마찬가지예요. 착하게 사는 사람들이 얼마나 손해를 많이 보는지 아세요?

상속자   착해지라고 강요하는 것이 아닙니다. 악해지지 말라고 당부하는 것이죠. 재클린의 그 '계기'를 들려주죠. 고등학생 때부터 재클린은 인기가 하늘을 찔렀지만 남학생들의 데이트 신청을 대부분 거절했어요. 나이에 비해 성숙했고, 학교 공부를 최우선에 두었죠. 대학에 입학한 재클린은 영문학과 미술사, 불문학을 전공 삼아 열심히 파고들었어요. 그런데 학년이 올라갈수록 심리적 압박감이 심해졌죠.

학 생   왜요?

상속자   1950년대 미국 여성의 결혼 평균 나이는 20대 초 전후였죠. 고등교육을 받는 여성이 흔하지 않았고, 대학을 다녀도 결혼하면 중퇴하는 일도 허다했어요. 그래서 '봄까지는 반지를ring by spring'이라는 말이 유행이었죠. 졸업식 전까지는 청혼을 받아야 한다는 일종의 사회적 압력이었습니다.

학 생   역사는 반복된다더니, 그런 사회적 압력은 지금도 있어요. 요즘 대학생들은 졸업 전부터 취업 스트레스를 받죠. 결혼에서 취업으로 바뀌었을 뿐 시간 제한이 있다는 건 똑같네요.

상속자   정말 그랬어요. 스물다섯 살이 되면 노처녀 소리를 들었죠. 초조해진 재클린은 서둘러 남자 친구였던 존 휴스테드와 약혼식을 올렸습니다.

학 생   아니, 재클린이 결혼한 남자는 그 유명한 케네디 대통령 아닌가요?

상속자 케네디와 운명적인 만남 직전의 일이죠. 여동생 리
는 약혼 소식을 알리는 언니의 편지를 보고 놀라움
을 금치 못했어요. 차분하고 침착한 재클린이 평소
와는 다르게 횡설수설한다는 느낌을 받았죠. 리는
단순히 언니가 집을 떠나 가정을 꾸리는 것에 스트
레스를 받은 탓일 거라고 생각했습니다. 그런데 약
혼식에 참석했던 사람들은 두 사람 사이에 감도는
썰렁한 공기를 감지했어요. 서로를 향한 따뜻한 눈
길이나 애정이 없었죠. 형식상 하는 예식에 불과했
던 겁니다.

학 생 약혼자가 어떤 사람이었길래 그토록 냉랭했을까요?

상속자 그의 집안은 부족할 게 없었어요. 올드 머니에, 와스
프였죠. 재클린의 타고난 계층에 대한 고민을 한 번
에 해결할 수 있는 결혼이었어요. 사회 저명 인사 목
록에도 오를 정도로 배경이 좋았으니, 남들이 보기
에 그럴 듯하게 살았을 거예요. 더구나 예일대를 졸
업하고 월스트리트에서 근무하는 금융맨으로 학벌
과 직업까지 완벽했죠.

학 생 속물처럼 보일지 모르지만, 이득이 많은 결혼이잖아

요?

상속자 　세속적인 관점에서 보면 그랬죠. 이 결혼은 그녀를
　　　　평생 자유롭게 할 약속처럼 보였습니다. 하지만 놀랍
　　　　게도 재클린은 저녁식사 자리에서 사촌에게 털어놓
　　　　았어요. "루이스, 난 네가 쓴 소설의 시빌처럼 살기는
　　　　싫어."

학 생 　어째서요?

상속자 　시빌은 부잣집 남자와 결혼하는 데 성공한 여주인
　　　　공입니다. 경제적 자유를 얻은 셈이죠. 그런데도 시
　　　　빌은 구속에서 벗어날 수 없었습니다. 부자연스러운
　　　　삶을 감옥처럼 느낀 시빌에게 재클린은 깊이 공감했
　　　　죠. 그리고 '경제적 자유'와 '진정한 자유'를 맞바꾸
　　　　는 게 아닐까 고민에 빠졌어요. "휴스테드와 결혼하
　　　　면 나는 재클린 부비에라는 이름을 영영 잃어버리겠
　　　　지. 이게 과연 내 운명의 전부인 걸까?" 이 말을 들은
　　　　사촌 루이스는 직감했습니다. '아, 두 사람이 인연이
　　　　아니구나.'

학 생 　경제적 자유가 또 다른 구속이 된다니⋯⋯.

상속자 　암울한 약혼식 두 달 후, 재클린은 뉴욕으로 돌아가
　　　　는 약혼자를 공항까지 배웅했습니다. 공항 터미널에

서 그녀는 불쑥 약혼 반지를 빼더니 그의 주머니에 집어넣었어요. 그리고 아무 말 없이 돌아섰죠. 두 사람의 관계는 그것으로 끝이었습니다.

학 생 　결과는 역사에 쓰인 대로 흘러가겠군요. 그녀의 운명에 쓰여진 사람이 등장할 테니까요!

상속자 　그렇죠. 여기서 핵심은 재클린은 더 이상 자신만 구하기를 바라지 않았다는 겁니다. 알코올중독자 아버지와 계층 상승에 목매는 어머니 밑에서 자란 재클린은 집안 배경이란 과거에 머물지 않았습니다. 그래서 남겨진 사람들끼리 서로를 구할 수 있는, 즉 자신과 '연대'할 수 있는 인연을 기다린 거죠. 다시 말해 우리는 '연대'해야 하는 겁니다.

학 생 　그러면 선생님은 '연대'에 대해서 어떻게 생각하세요?

상속자 　'스스로만 구하려는 사람은 결국 아무도 구하지 못할 것이다.' 재클린 사회학은 이렇게 말합니다. 지난번에 말했듯 재클린은 차별당하는 기분을 평생 잊지 않았습니다. 그리고 상대적 약자였지만 오랜 시간 힘을 길렀고. 그 힘은 사회 구성원이 서로 보호하기 위해 쓰일 때, 비로소 의미가 있는 것이죠.

왜 '돈' 이외에는 사랑하지 않는가

학 생 좋아요. 그렇다면 제가 물어야 할 다음 질문은 이것
이겠네요. 재클린을 둘러싼 가장 큰 오해가 무엇이
었나요?

상속자 결론만 말하자면 '그녀는 돈을 사랑했다'라는 오해
죠.

학 생 네? 그게 무슨…….

상속자 사람들은 재클린이 휴스테드와 결별하고 케네디와
결혼한 이유에 대해 '케네디가 돈이 더 많아서 선택
한 것이다'라고 입방아를 찧었습니다. 그런데 그 오
해는 어머니 자넷으로 인해 형성된 측면이 많아요.
재클린이 존 휴스테드와 파혼한 배경에 대한 루머가
돌았거든요. 자넷이 휴스테드와의 결혼을 반대했다
는 거였죠. 재클린이 항의하자 자넷은 뺨까지 때리
며 혼냈어요. 상류층에서 추락한다는 것은 자넷에게
너무나 큰 비극이었거든요. 반대한 이유는 예비 사
위의 재력이 자넷의 욕심에 비해 턱없이 부족하다는
거였죠. 억대 연봉을 받고 있지만 넉넉한 유산이 없
으니 딸이 자신보다 잘살기는 어려워 보인다는 논리

였어요.

학 생 으악, 경악스러운 말씀을 하시는군요!

상속자 그리고 당장 남자 친구와 헤어지라고 했다는 거죠. 내친김에 자넷은 재클린과 리를 앉혀 놓고 교육에 들어갔어요. '오래오래 행복하게 살았습니다'의 비결이 무엇인지 아냐고 차를 한 모금 마시며 물었어요.

학 생 오래오래 행복하게 살려면……. 글쎄요, 비결이 뭘까요?

상속자 딸들이 입을 열기도 전에 어머니는 대답했죠. "돈과 권력이야. 돈과 권력이 있어야 행복해질 수 있어."

학 생 농담하지 마세요! 그런 가르침을 주는 어머니가 어디 있어요?

상속자 자넷은 이혼한 여성이 2%도 되지 않던 1940년대에 미국에서 이혼을 감행했는데, 용기의 대가는 생각보다 가혹했어요. 생활비가 모자라 백화점 카탈로그 모델 일도 했고, 간호조무사 수업을 듣고 병원에서 실습을 했죠. 그것까지는 좋았지만 견디기 힘들었던 건 사람들의 시선이었어요. 굳이 독립을 하겠다고 부잣집 사모님 자리를 박차고 나온 이해할 수 없는 여자라고 손가락질했으니까요. 원래 어울리던 사람들은 그녀를 모임에서 배제하면서 자녯의 바뀐 신분을 은근슬쩍, 하지만 명확하게 알렸죠.

학 생 　마음이 지옥이었겠군요. 그렇다면 자녯은 신에게서 구원을 찾았을까요?

상속자 　가톨릭교회는 예로부터 이혼을 금기시했어요. 그래도 자녯은 종교에서라도 위로를 받고 기대고 싶었죠. 그러나 신부님마저 신성한 교리를 들먹이며 차갑게 등을 돌렸어요. 졸지에 가정을 지키지 못한 불성실한 아내가 되어 버린 자녯은 무너졌죠. 믿었던 가톨릭교회로부터 버림받은 기분이었어요. 한동안 그녀의 인생은 지옥이었고, 너무나 불행했어요.

학 생 　……그것 보세요! 신은 때때로, 아니 자주 우리 편이 아니라고요! 선생님은 돈에 대한 욕망을 경제적 자유로 포장한다고 비난하겠지만, 우리를 구원하는 것은 돈과 권력일 가능성이 높아요! 신이 아니고요! 자녯도 믿을 건 돈밖에 없다는 생각으로 기울 수밖에 없었겠죠! 순진한 아가씨일 때 결혼했지만 남은 건 폐허뿐인 자신을 보면서 딸들만큼은 보호해야겠다고 생각하지 않았겠어요?

상속자 　믿을 건 돈뿐이다, 나를 보호하기 위해서라도?

학 생 　 가족도 포함되겠죠. 인간에게는 안정 욕구가 있잖아요. 돈이 안정감을 준다면 사랑할 수밖에 없는 거죠.

상속자 　 그렇다면 다시 물을게요. 돈을 사랑한다는 건 대체 무슨 의미일까요?

학 생 　 사랑하면 보고 싶잖아요. 함께 있고 싶고, 떨어져 있으면 슬프고요. 돈을 사랑한다는 건 돈과 떨어지려 하지 않는 것이겠죠.

상속자 　 돈과 떨어지려 하지 않는 것, 그건 '돈에 대한 집착'이죠. 돈을 필요로 하는 것과 사랑하는 것을 구분해야 합니다. 진정한 사랑은 자신을 내주는 것입니다. 오직 돈을 믿으며 돈의 보호를 받고 사람에게 기대지 않는 사람은 결국 '나' 자신만을 사랑하는 거죠.

학 생 　 천천히 설명해 주세요.

상속자 　 거기에는 '타인에 대한 사랑'이 끼어들 틈이 없어요. 타인을 이용만 하고 책임은 지지 않죠. 효용 가치가 떨어졌을 때는 가차 없이 배신합니다. 돈과 나 사이를 멀어지게 하는 사람은 위협으로 보고 제거해야 한다고 생각하겠죠. 돈을 지켜야 한다는 생각에 폭력을 휘두르는 것도 정당화할 겁니다. 그것이 곧 폭력입니다.

학 생 그러면 '돈' 이외에는 사랑하지 않는 사람은 폭력적이라는 말씀일까요? 얼마를 갖고 있는지로 사람을 판단하거나 태도를 달리하는 사람들이 있잖아요?

상속자 그래요. 사람을 돈으로 본다는 의미에서 폭력적이죠. 몇 번이나 말했지만 재클린 사회학에서는 '모든 고민은 타고난 운명에서 비롯된다'라고 합니다. 불행의 근원은 타고난 운명에 있다. 거꾸로 말하면 행운의 원천 또한 타고난 운명에 있다고 말할 수 있을 거예요.

학 생 그건 그렇죠.

상속자 그렇다면 축복받은 타고난 계층이 무엇인지를 생각해봐요. 가장 중요한 지표는 얼마나 견고한 보호를 받고 있느냐겠죠. 그런데 우리는 타인을 보호함으로써 보호받기도 합니다. 태어나면서부터 부모의 살뜰한 보살핌 속에서 자란 아기를 보면 아무 걱정 없이 해맑게 웃죠. 아기는 혼자서는 아무것도 할 수 없지만 어머니에게 무한한 애정을 갖고 있습니다. 어머니가 아기를 사랑하듯이 아기도 그에 못지않게 어머니를 사랑하죠. 아기가 단순히 받기만 하는 존재는 아닌 겁니다. 아이도 적극적으로 사랑을 하는 주체

이기 때문에, 어머니를 세상에서 가장 사랑받는 존재로 만들죠. 어머니와 아기는 무력하지만 서로를 살리는 일에는 강한 거예요. 그런 의미에서 우리는 '돈에 대한 집착'을 '타인에 대한 사랑'으로 바꿔야 하는 겁니다.

학 생 좋아요. 그런데 아직 중요한 걸 말씀 안 하셨어요. 그래서 어쨌다는 거죠? 재클린은 '돈을 사랑하라'는 어머니의 가르침에 어떻게 반응했는데요?

상속자 그 가르침을 위엄 있게 거절했어요. 딸은 더 이상 어머니의 조종을 받지 않았죠. 재클린은 초연했고, 평정심을 유지했어요. 그리고 어머니의 지옥을 물려받지 않았어요.

상속자본은 돈이 아니다

학 생 그럼 세기의 사랑인 재클린과 케네디는 어떻게 만났나요?

상속자 대학에서 영문학과 불문학을 전공한 재클린은 글쓰기에 재능이 있었어요. 발레리나를 꿈꿨지만 발레에 관한 책을 모으는 걸 더 좋아했고, 고등학교에 올라가서는 셰익스피어를 공부하면서 작가의 꿈을 꾸었어요. 진정한 재능이 글쓰기에 있다는 걸 발견하고는 미국을 대표하는 소설을 쓰고 싶어 했어요.

학 생 　소설을 쓰는 대신 미국의 역사를 써 내려갔네요. 그게 그녀의 운명이었던 거죠.

상속자 　정말 그렇네요. 소설을 쓰려면 작문 실력을 늘려야겠다고 생각한 재클린은 신문 기자에 지원했습니다. 대학교 4학년 때 〈보그〉에서 주최한 문예 창작 대회에서도 대상을 받았죠. 당시 언론계는 남자들이 꽉 잡고 있었어요. 압박 면접 끝에 간신히 취직에 성공한 재클린은 설레는 마음으로 출근을 했죠. '여기자의 취재 노트' 칼럼을 쓰는 일이었습니다. 워싱턴 D.C에서 주로 정치인, 사회 저명인사의 인터뷰를 하고 인물 탐구를 기사화했어요. 당시 상원의원이었던 케네디도 인터뷰 대상 중 하나였습니다.

학 생 　그때 케네디를 처음 만난 거예요?

상속자 　아니요. 두 사람의 역사적인 첫 만남은 재클린의 선배이자 케네디의 지인이었던 찰스 바틀렛의 자택에서 열린 파티에서였어요. 정치부 기자였던 바틀렛은 평소 재클린의 특별한 분위기와 기품을 눈여겨봤습니다. 케네디 집안과 평소 친분이 있던 그는 두 사람이 잘 어울리겠다고 생각했죠. 그래서 친형의 결혼식에 하객으로 온 둘을 소개해 주려고 했지만, 그때는 만남이 성사되지 못했죠. 바틀렛이 재클린을 데리고 발 디딜 틈 없이 좁은 사람들 사이를 뚫고 케네디를 향해 가던 순간, 그녀를 알아본 한 유명 인사가 반갑게 인사를 하며 재클린을 가로챘거든요. 재클린이 그와 안부 인사를 마쳤을 때 케네디의 모습은 어디에도 보이지 않았습니다.

학 생 그럼 자택에서 열린 파티에서 이어진 건가요?

상속자 바틀렛은 여전히 두 사람을 염두에 두고 있었어요. 그래서 본인 자택에서 따로 파티를 열었어요. 예상대로 재클린과 케네디는 저녁 식사에서 서로 호감을 가졌죠. 그러나 바로 연애로 이어지지는 못했어요. 케네디는 상원의원으로 선거 캠페인으로 바빴고, 재클린은 막 사회초년생이어서 바빴거든요.

학 생 둘의 인연이 또다시 그렇게 흐지부지되었군요.

상속자 두 사람의 연애가 본격적으로 시작된 건 재클린이 케네디를 인터뷰하고 난 후였죠. 케네디는 그녀의 글에 반했어요. 케네디도 한때 작가를 꿈꿨고 기자 생활을 했기 때문에 바틀렛이 느꼈던 기품을 그녀의 글에서도 느낄 수 있었어요.

학 생   재클린은요?

상속자   케네디는 자넷이 재클린에게 어울리도록 어릴 때부터 강조한 올드 머니도, 와스프도 아니었죠. 잘생긴 외모와 하버드라는 학벌을 갖추었지만 그의 집안은 아일랜드 후손이었습니다. 영국계 미국인이 주류였던 보스턴 터줏대감들 사이에서 부딪히며 살아왔죠. 그의 부친은 밑바닥에서부터 출발해 막대한 돈을 벌었지만 끝없는 차별에 분노를 삭이며 살았어요. 케네디는 비록 좋은 교육을 받았지만 오랫동안 타고난 운명에 대해 고민을 갖고 있었죠. 재클린은 한눈에 케네디의 내면의 상처를 알아보았어요. 서로가 서로의 상처를 알아봤기 때문에 '연대'가 가능했습니다.

학 생   연대의 이유가 자신의 이익 때문이 아니군요?

상속자   이해관계로 이루어진 연대는 견고하지만 한번 무너지면 서로에게 지옥이 됩니다. 집안 배경을 파괴하라고 했던 것은 힘을 기르라는 말이었죠. 그 힘을 단순히 자신을 차별한 사회에 되갚아 주는 데 그치는

인본주의로 세상을 바라보면 우리 모두가 후계자입니다.
더 넓게 세상을 바라보고, 사람을 중요시하는 것.
'역사의 후계자'는 그런 과정이 선행되어야 하죠.

게 아니라, 서로의 상처를 보듬고 위로하며 잃어버린 삶을 되찾는 데 쓰는 겁니다.

학 생 ……선생님. 지난 번에 말씀드렸듯이 전 다시 태어나고 싶었어요. 수저계급론이라는 빈부격차 앞에 분노를 느꼈죠. 이번 생에 얻을 수 없는 것들을 다음 생에는 얻고 싶었어요. 저를 보호해 줄 수 있는 아름답고 찬란한 배경, 저를 지켜 줄 수 있는 단단하고 견고한 벽이요. 그런데 오늘 나눈 대화를 통해 깨달았어요. 제가 얻고 싶은 게 아니라 '되찾고 싶다'는 걸요. 물려받는 것이 중요해진 한국 사회에서 잃어버린 것들을 되찾고 싶었어요.

상속자 무엇을 잃어버린 것 같은데요?

학 생 '돈' 이외에 사랑하지 않는 것이 폭력적이라고 하셨죠. 폭력의 순간에는 잃어버리는 것들이 있잖아요. 이를테면 인간의 존엄성, 위엄, 품위 같은 거요. 모든 인간은 태어날 때부터 자유로우며 동등해요. 그래서 출생하면서 갖고 태어나는 권리를 되찾고 싶었던 게 아닐까 해요.

상속자 그런 의미에서 상속자본은 '돈'이 아닌 거죠.

학 생 아, 그럼요. 그래야만 해요!

216

상속자 상속자본은 '돈의 품격'이 아닌 '인간의 품격'을 되찾는 것이죠. 사실 돈에는 품격이 없습니다. 품격이란 '사람이 사람다운 것'을 의미하니까요. 그것을 사람들은 모르죠. 그러나 몰라도 그리워할 수는 있어요. 과거의 미국 사회와 오늘의 한국 사회에 이르기까지, 올드 머니와 뉴 머니를 열과 성을 다해 나누는 것도 품격을 찾기 위한 거죠. 윗세대로부터 상속받은 재산을 가진 자들은 명예롭고 기품이 있으며 존경받아 마땅하다고 여기는 것을 봐요. 그들이 어떤 인간성을 보여 주기도 전에, '근본 있는 집안 자제'로 인식되어 버리죠. 자신의 품격을 증명할 필요가 없습니다. 그 광경을 바라본 '남겨진 사람들'은 올드 머니를 따라 하고 흉내 내서라도 가까워지고 싶은 겁니다. 사실 무엇을 그리워하고 있는지도 모른 채.

학 생 그리워할 줄 모르는 게 더 문제겠어요! 무의식 중에라도 그리움의 대상이 남아 있다면 영혼은 그 존재를 향해 나아갈 것 같아요. 나도 몰랐지만 되찾고 싶었던 거죠.

상속자 그렇죠. 재산을 지키고 대를 잇는 것은 대단한 일이에요. 그러나 '그 사람의 품격'과는 상관없죠.

217

학 생   선대로부터 물려받은 재산으로 회사 직원들에게 갑
질을 하고 횡포를 부려 사회적인 지탄을 받는 사례
를 심심찮게 접하잖아요. 우리 사회에서도 더는 그
런 부자를 용납하지 않는 때가 왔다고요.

상속자   사람들의 분노가 더 큰 이유는 오랜 시간 쌓인 돈에
는 품격이 있을 거라고 믿었기 때문입니다. 돈이 우
리를 속인 것이죠. 품격은 오로지 사람에게서만
나오거든요.

'구하러 가라.' 이 말이 학생의 머리에서 맴돌았다. 경제적
자유를 버리라고? 타인을 구하라고? 재클린 사회학의 핵심
개념인 상속자본을 이해했다고 생각했다. 집안 배경에 갇히
지 말고 한 걸음 나아가라. 그런데 뭐가 더 있다고? 나의 과
거를 바꾸고 새롭게 역사를 쓰는 데 그치지 말라니. 게다가
나의 안위가 제일 중요한 이기적인 사람 취급을 받는 것 같
아서 싫었다.

구하는 사람은 반드시 물려받는다

학 생   재클린은 케네디의 품격을 알아보는 '안목'은 있었
       던 거네요? 그걸 어디서 길렀을까요?

상속자 새아버지의 영향이 컸어요. 평생 '휴디 아저씨'라고
       불렀지만, 친아버지와 살 때는 느껴 보지 못한 따뜻
       하고 안정적인 가정이 처음으로 무엇인지 알게 되었
       죠.

학 생   정말요? 자기 핏줄이 아니라서 유산에서 배제했다
       면서요?

상속자 맞아요. 그래도 그는 새로 생긴 딸들에 대한 배려를
       보였습니다. 앞으로 살게 될 해머스미스 농장에 정
       을 붙일 만한 선물을 했죠. 젖소 두 마리였는데, 이름
       을 각각 재클린과 캐롤라인으로 지었어요. 그 마음
       을 이해한 재클린은 한꺼번에 대가족이 생겼는데도
       한 번도 배다른 형제라고 여긴 적이 없었습니다. 휴
       디 아저씨의 첫 번째, 두 번째 부인 사이에서 낳은 자
       식들과 어머니가 재혼하고 나서 생긴 동생들까지 모
       두 한 집에 살았지만 모두가 그저 서로를 사랑하는
       가족이었죠.

학 생 선물 덕분에 잘 적응했나 보네요.

상속자 특히 장남 유샤와 금방 친해졌어요. 기숙학교에 재
학 중이던 유샤가 겨울방학을 맞아 집으로 돌아왔
을 때 처음 만났죠. 휴디 아저씨는 아들에게 새로운
여동생들을 배려하고 예의 바르게 행동할 것을 미리
당부했어요. 마침 세계 2차 대전이 터진 직후라 두
사춘기 소년소녀는 함께 나라 걱정을 했습니다.

학 생 친오빠나 다름없는 오빠가 생겨서 좋았겠어요.

상속자 뉴욕에서만 살던 도시 소녀 재클린에게 유샤는 자연
을 사랑하는 마음을 심어 주었습니다. 물론 낯설고
어색한 것도 있었어요. 바로 오킨클로스 집안의 가
풍이었죠. 태어날 때부터 몸에 익힌 유샤와 달리 재
클린과 리에게는 그야말로 '문화 충격'이었습니다.

학 생 문화 충격을 받을 일이 뭐가 있었을까요? 너무 잘살
아서요?

상속자 아니요. 온 가족이 모여 식사 전에 기도를 했습니다.
매일 밤 파티를 하러 나가 늦게까지 들어오지 않던
친아버지와 살 때는 상상도 할 수 없었던 풍경이었
죠. 재클린은 도덕성, 정의감, 겸손, 책임감에 대한
문구를 암송하는 게 불편했어요. 그래서 낮은 목소

리로 중얼거리기라도 하면, 바로 어른들에게 지적당해 혼자서 큰 소리로 반복했죠.

학 생 이런, 경험해 보지 못한 분위기라 불편할 수밖에 없겠어요!

상속자 그러나 점점 시간이 지나면서 오킨클로스가의 가치들은 재클린의 마음 속에 깊이 자리 잡았어요. 휴디 아저씨는 집안 곳곳에 눈에 보이도록 오킨클로스 가문의 문양을 그린 패를 달았어요. '스펙테무르 아겐도Spectemur Agendo' 라틴어로 '우리의 행동으로 심판하라'[1]는 뜻이었죠. 전쟁이 터지자 휴디 아저씨는 제일 먼저 자택을 개방했습니다. 해머스미스 농장은 소박한 시골 집이 아니라 고용인만 열여섯 명이 넘는 영지였기 때문이죠.

학 생 말만하고 행동하지 않는 위선자가 아니네요.

상속자 정말 그랬어요. 휴디 아저씨의 모친, 그러니까 자넷의 시어머니 되는 엠마 여사는 국경수비대에게 영지의 일부를 내주었죠. 한갓진 해머스미스 농장은 전쟁

---

1 이 문구는 원래 고대 로마의 시인 오비디우스(Ovidius)의 작품 「변신」에 처음 사용되었다. 'Spectemur(스펙테무르)'는 라틴어로 '바라보다, 관찰하다' 라는 뜻이고, 'Agendo(아겐도)'는 '하다, 행동하다' 라는 뜻이다. 따라서 우리의 행동을 '보고' 심판하라는 의미가 담겨 있으며, 마찬가지로 '보여 주려는 의지' 또한 중요함을 강조한다.

물자 기지로 변신했어요. 언론에서도 "이 지역 유명 저택에서 사유지를 총동원하고 있다"라고 주목했죠.

학 생 그렇다면 자신도 모르는 사이에 가풍을 흡수했겠네요?

상속자 피 한 방울 섞이지 않았지만 물려받은 겁니다. 그녀가 구했기 때문이죠. 재클린이 모르는 게 더 있었어요. 저 멀리 아래 바다에서 한 해군 장교가 이 아름다운 광경을 바라보고 있었다는 걸요.

학 생 네?

상속자 자원 입대한 케네디는 휘하에 있던 어뢰정을 이끌고 태평양으로 향하고 있었어요. 그 작전은 훗날 케네디의 운명을 바꿔 놓게 되죠. 아, 적군의 잠수함을 파괴하는 어뢰가 탑재된 소형 군함을 어뢰정이라 합니다.

학 생 같은 시간, 같은 공간, 같은 하늘 아래에 있었네요. 서로의 존재를 모른 채로?

상속자 케네디는 훈련을 마치고 산비탈에 걸터앉아 반짝이는 해머스미스 농장을 물끄러미 보았죠. 자신의 미래가 어떻게 될지 한 치 앞도 모른 채.

학 생 앞으로의 이야기가 기대되는걸요! 케네디가 재클린의 글에서 느낀 기품이 어디서 형성되었는지 알겠어요. 하지만, 그럼 반대의 경우는요? 지난번에 선생님이 부르디외의 아비투스를 알려 줬잖아요. 갑자기 부자가 되었다고 해서 타고난 계층의 생활양식, 문화, 교양이 바뀔 리가 없잖아요. 그런 사람들은 품격이 없는 것 아닌가요?

상속자   인간의 품격은 아비투스와도 상관이 없어요. 갑자기 부자가 된 사람이 원래부터 부자였던 사람의 품격을 따라가지 못한다는 말은 그래서 틀렸죠. 장기간 부자로 살아왔거나 부잣집에서 태어난 것이 인간의 품격을 보장하지 않으니까요. 오로지 사람에 대한 예의, 배려, 존중이 품격을 구성합니다.

학 생   원래부터 부자인지 갑자기 부자가 된 건지는 품격과 관련이 없다?

상속자   더 나아가 부자인지 가난한지도 중요하지 않죠. 사람에 대한 예의, 배려, 존중에 대한 그리움을 우리는 돈에서 계속 찾으려고 하는 거예요. 인간에 대한 '작은 예의'조차도 지켜지지 않는 경우가 세상에 많으니까요. 다만 돈을 너무 사랑한 나머지 무엇을 어디서 잃어버렸는지도 모르는 거죠.

학 생   하지만 선생님, 잘 이해가 되지 않아요. 상속자본도 결국 물려받는 것 아닌가요? '물려받는 건 혈연관계를 통해서만 얻어진다'라는 핵심을 놓치신 것 같아요. 특히 우리나라처럼 혈연이 중요한 사회에서는 생판 남에게 물려주는 일은 없을 것 같아요. 제일 중요한 건 가족에게만 물려주겠죠.

상속자   아니요. 구하는 사람은 반드시 물려받아요.

학 생   네?

상속자   그게 부르디외의 자본들─사회자본, 문화자본, 경제자본─과 상속자본의 다른 점이죠. 부르디외 사회학에서는 '혈연관계를 통해서만 얻어진다'는 말이 맞아요. 여기서 혈연관계란 전통적인 가족입니다. 쉽게 말해 혈연, 즉 같은 핏줄에 의하여 연결된 인연이죠.

학 생   그런데요?

상속자   상속자본은 그 책임성이 한국 사회가 그토록 강조한 '혈연'이 아닌 '비혈연' 관계에서 발현된다는 의미가 있어요.

학 생   피가 섞이지 않은 관계에서도 물려받을 수 있다? 적어도 생물학적으로 남남인 관계에서도?

상속자   그래요. 상속자본은 태어나면서부터 주어지는 것이 아니라 스스로 얻는 것이죠.

더 큰 사회적 가치를 생각하라

학 생   재클린과 케네디는 처음 만나고 결혼까지 얼마나 걸렸나요?

상속자   1951년 6월부터 인연이 시작되어 1953년 9월에 결혼으로 결실을 맺었으니 2년 정도 걸렸죠. 원래 케네디는 결혼 생각이 전혀 없었어요. 대중 매체가 선정한 '가장 인기 있는 신랑감 후보군'에도 이름이 올랐지만, 그때까지도 사랑을 잘 모르겠다고 생각했죠.

학 생   왜 사랑을 몰라요?

상속자   가족으로부터 받은 상처 때문이 아닐까요? 케네디와 재클린은 닮은 구석이 정말 많았어요. 둘 다 최상이라고는 할 수 없는 환경에서 성장했죠. 가장 큰 상처를 준 사람들이 가족이라는 점에서 공통분모가 있었어요. 사업을 하는 아버지는 집을 비우는 날이 많았고, 차갑고 냉정한 어머니에게 어린 아들은 우선순위가 아니었죠. 병약한 케네디는 떨어져 아픈 몸으로 방에서 혼자 지낸 시간이 많았어요. 오로지 침대에 누워서 읽는 역사와 전기 책만이 케네디의 유일한 친구였죠.

학 생 케네디가 재클린의 글쓰기 재능을 보고 반한 것도 우연이 아니었군요?

상속자 결코 우연이 아니었던 거죠. 케네디는 재클린의 기사를 열심히 찾아서 읽었습니다. 그녀의 특별함이 글에 그대로 묻어난다고 생각했어요. 영국 엘리자베스 여왕 즉위식을 취재하러 런던으로 해외 출장을 갔을 때도 그녀의 글만 기다렸죠. 재클린이 현장을 스케치한 그림까지 곁들여서 기사가 나오자 그림까지 잘 그린다는 것에 더 반했습니다. 그리고 전보를 보냈죠. "기사는 좋은데 당신이 곁에 없네." 행복해진 재클린은 미국에서 구하기 힘든 책을 잔뜩 사서 짐가방에 넣었어요. 수화물 초과 비용을 내더라도 책을 선물하고 싶었거든요.

학 생 우와, 정말 닮은 구석이 많았네요.

상속자 두 사람의 부모님 모두 책 읽는 것을 싫어했고 독서를 가르치지 않았다는 것도 비슷했어요. 그런데도 케네디와 재클린의 영혼이 가족이 아닌 '완벽한 타인'에 의해 구원되었다는 점이 같았죠. 그 완벽한 타인은 책 속에 있었죠.

학 생 책이요?

상속자 아일랜드 혈통이었던 케네디는 영국 총리 처칠을 존경했고 그의 저서를 탐독했어요. 영국적인 사고방식을 흡수한 덕분에 많은 사람들은 그를 '영국계 미국인'에 가깝다고 생각했죠. 재클린이 프랑스 대통령 드골의 글을 모조리 읽고 프랑스적인 사고방식을 흡수해서 자기 것으로 만든 것과 같았죠. 케네디는 처칠을 얼마나 닮고 싶어 했던지 작가로 데뷔하면서 처칠의 저서 『영국이 잠든 사이에While England Slept』에서 영감을 얻어 책의 제목을 『영국은 왜 잠들었는가Why England Slept』로 지었어요. 그의 계승 의지를 엿볼 수 있는 대목이죠.

학 생 음, 잘 모르겠어요. 타고난 운명의 입구에는 '집안 배경의 파괴'가 있고 목적지에는 '타인의 구원'이 있다. 타인의 구원이란 '나 스스로만을 구하는 것이 아니라 남겨진 사람들까지 지키고 보호하는 것'이다, 여기까지는 이해했어요. 하지만 세세한 내용은 여전히 이해가 되지 않아요. 예를 들면 그 '타인의 구원'이 비혈연 관계에서도 발현되고, 재클린 사회학의 상속자본이 부르디외 사회학의 기타 자본들과 달리 가족 구성원이 아니어도 물려주고 받을 수

227

있다는 부분이요.

상속자   좀 더 구체적으로 말해 줄래요?

학 생   애초에 자기 핏줄이 아닌 완벽한 남에게 왜 물려주
       려 하겠어요? 흔히 혈연으로 이어진 가족은 운명에
       비유되곤 하죠. 피는 타고나기에 개인의 힘으로 바
       꿀 수 없어요. 그렇지 않고서야, 창작물에서 "오죽하
       면 천륜이라고 할까. 그래도 내 핏줄인데 어쩌겠니"
       라는 말이 그토록 자주 등장할 리 없어요! 혈연은 운
       명이기에 비혈연 관계에서도 상속을 받아들이라는
       사회적 합의가 없이는 불가능한 사고방식이죠.

상속자   혈연이 과연 운명일까요? 필요에 의해 만들어진 신
       화일까요?

학 생   전자요. 당장 수저계급론만 봐도 한국 사회에서 혈
       연의 중요성을 알 수 있죠. '피는 물보다 진하다'라
       는 말을 생각해 보세요. 일반 사람들의 혈연이 약화
       되었을 뿐이에요, 가족의 우월성을 내세우지 못하니
       까요. 혈연의 힘을 유지하고 있는 가문들은 여전히
       혈연을 중시하죠.

상속자   역시 운명 쪽이라는 입장이군요.

학 생   아니, 왠지 반박하고 싶은데요! 운명까지는 아니더

라도 '본능'에 가깝달까요?

상속자 　결론부터 말하자면 본능도, 운명도 아니에요. 오늘날 사회 곳곳에서 기존의 혈연관계를 기초로 한 가족이 붕괴되고 있는 모습을 우리는 쉽게 볼 수 있어요. 흔히 인간을 사회적 동물이라고 하죠? 혈연이 가족을 이루는 기본적인 기준이 된 건 '본능'이 아니라 사회를 구성하는 가장 오래된 질서와 규칙 때문이죠.

학 생 　본능이 아니라, 사회적 요소들과 크게 관련돼 있다?

상속자 　그래요. 우리 몸에 흐르는 피는 타고난 것이지만 이를 어떻게 받아들이냐는 타고난 것이 아니에요. 이전까지 가족의 역할은 그야말로 대를 잇는 것, 즉 유전자 보존이었죠. 그것이 자녀 출산과 양육을 통해 이루어졌기 때문에 핏줄로 묶였느냐가 중요했죠. 그러나 그것이 유일한 목적이 아니라면…….

학 생 　다른 목적이 관여한다면요?

상속자 　그럴 때 염두에 둬야 할 행동 원칙이 있어요. 우리가 타고난 운명에서 곤경에 처했거나 출구가 보이지 않을 때 먼저 생각해야 할 것은 더 큰 사회적 가치를 생각하라는 원칙입니다.

학 생 　더 큰 사회적 가치요?

상속자 　나와 가족의 안위만을 생각하지 말고 더 큰 사회적
　　　　가치를 따르라는 거예요. 그러면 혈연은 결코 본능
　　　　도, 운명도 아닌 게 되죠.

'역사의 후계자'가 되는 과정

학 생 　케네디는 언제 결혼을 결심했을까요? 결혼 생각이
　　　　없던 남자가 하루아침에 바뀐 거잖아요.

상속자 　나중에 재클린도 궁금해서 물어봤어요. 그는 1년 전
　　　　에 이미 결심한 상태였다고 대답했죠. 하지만 그때
　　　　는 준비가 안 되었다고 여겼고, 자신이 준비가 되면
　　　　그때 청혼해야겠다고 마음 먹었다고. 그 사이에 재
　　　　클린이 어디론가 도망가지는 않을 거란 확신이 있
　　　　었다고. 이 말들 들은 재클린은 "어머, 고마워라!"라
　　　　고 재치 있게 응수했죠.

학 생 　저라도 도망가지 않고, 사랑하는 사람을 지키고 보
　　　　호했을 거예요.

상속자 　정말 그랬죠. 케네디의 아일랜드 조상은 감자 기근
　　　　때 배를 타고 미국으로 온 가난한 사람들이었어요.

케네디 집안의 외가와 친가, 피츠제럴드 가문과 케네디 가문 양쪽 전부 그랬죠. 3대가 지났는데도 미국인들은 출신 성분을 절대로 잊어버리지 못하게 그들의 열등함을 세뇌했죠. 외가 쪽만 아일랜드 혈통이라 숨기기에 유리했던 재클린과는 입장이 달랐던 겁니다. 재클린은 그의 좌절과 분노를 이해했고, 그녀의 어머니가 머무르기를 바라는 세계 사람들과 절대로 못 어울릴 것을 알았지만 문제 삼지 않았습니다. 차라리 그를 돕겠다고 다짐했죠. 케네디는 재클린의 진가를 인정하고 고맙게 생각했어요.

학 생 어떤 면에서요?

상속자 이를테면 그해 여름, 케네디는 연설을 준비 중이었어요. 독립을 외친 알제리에 프랑스가 전쟁을 선포하자, 식민지 지배에 반대하는 중요한 연설이었죠. 케네디는 기자로 근무하던 재클린에게 열 권의 책을 들고 와서는 번역을 부탁했습니다. 그녀는 무더운 한여름 밤을 새워 가며 프랑스령 인도차이나 반도와 호치민에 관한 내용을 요약했죠. 훗날 재클린은 이를 두고 "그때 나의 내조 덕분에라도 그는 나와 결혼해야만 했다"라고 말했어요.

학 생   그녀의 글쓰기 재능만 높게 산 것이 아니라, 외국어
실력도 소중히 여겼군요!

상속자   가족에 의해, 특히 어머니에 의해 상처받은 그녀의
자아를 케네디가 수렁에서 끌어올렸죠. 그의 곁에서
그녀는 자신의 쓰임을 알았고 살아 있음을 느꼈어요.

학 생   그런데 말이에요, 재클린의 어머니는 항상 미래의
신랑감을 찾을 때는 재력을 중요하게 생각한다고 강
조했잖아요. 재클린이 보기에 케네디는 돈보다 다른
매력이 더 많은 신랑감이었을까요?

상속자   그럼요. 케네디와 재클린은 돈의 힘을 알았지만 돈
앞에서 자신들을 잃지 않으려고 노력했어요. 오히려
돈보다 더 중요한 가치를 추구하기 위해 평생 노력했
죠. 둘 다 역사를 사랑했고, '이미 정해진 삶'을 거부
했고, 함께 운명을 개척해 나갈 의지가 충만했어요.

학 생   역사를 사랑한다고요? 그게 운명과 무슨 상관이 있
는데요?

상속자   그건 역사를 다시 쓰겠다는 의지의 다른 표현이
죠. 우리에게 주어진 과거, 집안 배경, 타고난 계층의
고민을 해결하는 일 모두 새로운 역사를 만들어 가
는 일과 같은 선상에 있죠. 내성적이고 역사책만 좋

아하는 케네디를 보고 부모님은 아들이 나중에 커서 작가나 기자, 또는 선생님이 될 거라고 생각했어요. 정치인은 상상도 못 했죠. 원래 정치인은 큰 형의 꿈이었어요.

학 생 좋아요. 그런데 알고 계세요? 선생님은 '집안 배경의 파괴'에서 '타인의 구원'으로 가는 과정을 설명하는 와중에 중요한 점을 놓치고 있어요. 맨 처음에 집안 배경을 파괴하라, 나 자신을 파괴하는 대신에 족쇄처럼 여겨지는 출생의 시작점을 바꾸라, 그래서 과거에서 벗어나 미래를 향해 한 걸음 내딛는다……. 좋긴 한데요, 이런 '집안 배경의 파괴'가 어떻게 인간을 타고난 운명에서 자유롭게 하며 '스스로만을 구하지 않는다'는 타인의 구원에까지 이르게 한다는 거죠? 이미 구원이 약속된 것이나 다름없는 '선택받은 사람들'—이를테면 후계 구도에서 우위를 점했거나 경영권 승계가 확실한 기업가 자제들—을 재클린 사회학에서는 어떻게 바라보라고 하나요? 결국 선생님은 자본주의에서 살아가는 데 고상한 말로 사람을 더 비참하게 만들고 있잖아요.

상속자 그래요, 중요한 건 그거죠. 집안 배경을 파괴하면서

233

어떻게 박탈감과 소외감에서 벗어날까, 즉 어떻게 유대감을 갖고 연대해서 같이 자유를 찾을 수 있을까 하는 점. 여기서 등장하는 것이 '역사의 후계자'라는 개념이죠.

학 생   역사의 후계자요? 그건 또 무슨 소리인가요?

상속자   이해하기 쉽도록 예를 들어 설명하죠. 어떤 일이나 사람의 뒤를 잇는 사람에 두 가지 종류가 있어요. 기업의 후계자와 역사의 후계자.

학 생   기업과 역사의 대결인가요?

상속자   그대는 두 가지 중 어느 쪽을 택할 텐가요?

학 생   물론 기업의 후계자입니다.

상속자   왜지요?

학 생   인터넷 검색만 해봐도 아실 거예요. 기업의 후계자가 되면 만인의 주목을 받아요. 말 한마디로 주가가 오르내리기도 하니 스캔들도 조심해야 할 거고, 대주주라면 주주총회도 열고 이해관계가 얽힌 사람들이 많아지니 지켜보는 사람도 많을 테죠. 나라의 경제를 이끌어 간다는 기대도 한 몸에 받고요. 그뿐인가요. 결혼 소식조차 기사화되고, 일반인들이 관심을 갖고 댓글을 달죠. 방금 사회적 가치를 말씀하셨죠? 저도 그쯤은 알아요. 공공의 이익과 공동체의 발전에 기여할 수 있는 가치죠. 근데 자본주의에서는 인간의 가치랄까, 기업의 후계자들에게 실리는 무게와 존재감 자체가 달라요. 당연한 결과지요.

상속자   과연. 부만이 아니라 명성, 명예의 소유까지 들다니 재밌네요. 그러나 기업도 사회의 일원이라는 사실을 잊어버린 것 아닐까요? 사회 구성원들 없이는 이윤을 창출할 수가 없죠. 자본주의로 세상을 바라보면 기업의 아들딸만이 후계자가 될 수 있죠. 그러나 인본주의로 세상을 바라보면 우리 모두가 후계자예요. 더 넓게 세상을 바라보고, 사람을 중요시하는 것. '역사의 후계자'는 그런 과정이 선행되어야 하죠.

학 생   흥미진진하네요.

상속자   ······잠시 머리 좀 식히죠. 차 한 잔 어때요?

학 생   네, 고맙습니다.

　상속자본이 혈연관계에서만 주고받을 수 있는 게 아니었다니. 심지어 책에서도, 역사 속에서도 구하기만 하면 되었다. 그제서야 학생의 눈에 상속자의 책상과 서재가 들어오기 시작했다. 먼지가 쌓인 오래된 역사책을 둘러보았다. 한

사람 한 사람이 모여 저 책 안에 있는 역사를 함께 완성해 왔
겠지. 사회적 가치를 생각하라. 나 개인의 이익을 넘어서라.
완벽한 타인으로부터 나는 도움 받은 적이 과연 없던가? 학
생은 왠지 모를 비장함이 느껴졌다. 그 사이 은은한 차 향이
방 안 가득 퍼져 나갔다.

진정한 자유란 무엇인가

상속자   재클린과 케네디는 학교에서 문학과 역사 과목을 가
장 좋아했던 학생들이었습니다. 재클린은 프랑스의
영웅 드골 장군의 책에서, 케네디는 처칠 총리의 책
에서 위안을 얻었어요. 자신들을 차별하는 모국의
역사는 마음만 아프게 했기 때문에 타국의 역사에서
인류를 위해 남겨진 위대한 유산을 찾았던 겁니다.

학 생   재클린은 프랑스 역사의 후계자를, 케네디는 영국
역사의 후계자를 자처했군요?

상속자   그렇죠. 시간과 국경을 초월하는 것이 '역사의 후계
자'라는 개념이죠. 역사의 후계자가 되기 위해서는
혈연으로 맺어진 가족 관계도 필요 없습니다. 이 개

236

넘을 어찌나 소중히 여겼던지, 케네디는 프러포즈를
할 때도 반지 대신 책을 먼저 선물했습니다. 자신이
무엇의 후계자가 되려 하는지 사랑하는 사람에게 보
여 주고자 했던 것이죠. 책을 읽어 본 재클린은 자신
또한 후계자임을 밝혔습니다. 그녀의 비밀을 알게
된 케네디는 재클린에게 점점 빠져들었죠. 두 사람
은 대화가 끊이질 않았고, 절대로 결혼하지 않을 거
라던 그는 변했습니다.

학 생 서로가 서로를 타고난 계층에서 꺼내 주었군요?

상속자 말하지 않아도 알 수 있었죠. 그렇게 태어난 건 자신
의 잘못이 아니라는 것. 올드 머니와 와스프로 태어
난 것이 더 나은 사람이 아니라는 것도 포함해서 말
이죠.

학 생 대대로 물려받은 부와 혈통에서 품격을 찾기를 거부
한 것 같아요.

상속자 케네디는 결혼 허락을 받기 위해 자신의 집에 재클
린을 데리고 갔습니다. 인정받고 싶은 아버지에게
사랑하는 여자를 소개하고 싶었죠. 케네디 집안의
수장 조지프는 인재를 알아보는 눈이 탁월한 사람이
었어요. 자수성가한 그는 얼핏 독불장군처럼 보였지

만, 자식들이 어릴 때부터 아버지의 권위에 도전하는 것을 너그럽게 받아들였죠. 오히려 자녀들이 반항하기를 기대했고 자기 주장을 하면 기특해했어요. 그는 자식들의 의견을 묵살하는 인격의 소유자가 아니었습니다. 덕분에 식탁에서는 대화가 끊이질 않았고, 케네디는 옳지 않은 것에 맞서는 용기를 길렀습니다. 무엇보다 자기의 아들을 구해 줄 수 있는 천상의 배필이라는 것을 한눈에 알아보았죠.

학 생   오, 어떻게요?

상속자   조지프는 재클린이 돈이 없다는 것을 알았어요. 그녀가 내세울 것 없는 경제적인 부분에 대해서는 이야기를 피한 것도 있지만, 노련한 예비 시아버지는 이미 알고 있었습니다. 그러나 돈이 많은 것이 더 나은 사람이 아니라는 것도 조지프는 알고 있었죠. 그의 사람을 보는 안목은 이러한 철학에서 나왔습니다. 그래서 재클린의 가난이 크게 문제되지 않았어요.

학 생   잠시, 잠시만요! 우리는 아까부터 비혈연에 대해 얘기하고 있잖아요.

상속자   그랬죠. 왜요?

학 생   이건 결국 가족에 관한 얘기 아닌가요? 그렇지만

'검은 머리 짐승은 거두는 게 아니다'라는 말이 있는 거예요. 본디 사람이란 은혜를 갚지 않는 배은망덕한 본성을 지녔어요. 그러니 사람을 도와주지 말라는 선조의 가르침이죠. 피를 나눈 가족이 아니라면 절대 가질 수 없는 책임감이라는 게 있다고요!

상속자 기억해요. 그들이 연대한 이유를 말입니다. 상속자 본은 결코 개인의 일신과 그 가족의 안위만을 위해 쓰이지 않습니다. 그것은 '공동체적 구원'을 위해서, 우리 모두를 자유롭게 하도록 그 쓰임을 다해야 하죠.

학 생 좋아요. 어디까지나 자유의 문제라는 거군요. 그럼 다시 돌아가서, 아까 경제적 자유를 버리라고 하셨잖아요. 대체 선생님이 생각하는 자유란 무엇입니까? 우리는 어떻게 해야 자유로울 수 있어요?

상속자 단적으로 말해 '자유란 우리 모두가 상속자로 다시 태어나는 것'이죠.

학 생 으음, 조금 말장난 같은데요?

상속자 특별한 소수와 출생부터 선택받은 이들이 아니라 우리 모두가 찬란한 인류의 유산을 함께 누리는 것. 그것은 그대가 자유롭다는 증거이자 역사의 후계자라는 증표인 거예요.

학 생   글쎄요. 거기에 대해서는 저도 할 말이 있어요. "인
간은 타인의 욕망을 욕망한다." 자크 라캉Jacques
Lacan[2]의 『욕망이론』에 나오는 문장이에요. '타인의
욕망'이라는 말이 참 통쾌하지 않나요? 솔직히 말씀
드리면, 인간의 본질을 꿰뚫어 보는 구절이라 무릎
을 치며 감탄했어요. 제가 욕망 덩어리여서 그런지
도 몰라요. 모두가 상속자가 될 수 있는 세상이라면,
아무도 그렇게 태어난 사람을 부러워하지 않겠죠.

상속자   타인을 구하기보다 욕망하기만 하는 것이 그대를 괴
롭게 하는 겁니다. 경제적 자유에 대한 욕망도 같은
선상이죠. 나보다 많이 갖고 태어난 사람을 부러워
할 수는 있어요. 그러나 시샘하고 질투하기 시작하
는 것에서부터 미움이 시작되고 종국에는 파국으로
치닫습니다.

학 생   파국으로 치닫는다고요?

상속자   든든한 배경, 견고하고 아름다운 보호막, 힘 있는 부
모, 잘 타고난 탯줄에 대한 시기 질투는 열등감으로

---

2 프랑스의 정신의학자, 정신분석학자. 프로이트 이론의 계승자였던 라캉은 정신분석을
언어학과 접목시키고 인간의 욕망을 상상계, 상징계, 실재계로 설명했다.

이어지죠. 내게 없는 부분을 채우고 보상받고 싶은 욕망 때문에 괴롭고 타인을 경쟁 상대로만 보고 경제적 자유라는 허상을 쫓아요. 더 많은 부를 축적하기 위해. 그렇지 않으면 추락할 거라는 공포가 도사리고 있는 걸 모른 채. 진정한 자유는 그런 것이 아니죠. 그대가 얼마나 많은 것을 물려받았는지, 그대라는 한 인간의 존재를 위해 앞 세대의 수많은 희생을 깨닫는 순간에도 자유로워질 수 있어요.

학 생   선생님은 지금 자유로운가요?

상속자   자유로워요.

인간은 서로의 '구원자'가 될 수 있다

학 생   기억하세요? 선생님을 만나자마자 물어봤었죠. 저 멀리서 소문을 들었다고. 특이한 상속자가 살고 있는데, 상속받지 못한 상속자라고. 재벌가 상속자가 아니고, 경영권을 물려받은 사람도 아니라고 했죠. 선생님은 물려받을 재산이 없어도 괴롭지 않은 거예요?

상속자 괴롭지 않아요. 도리어 자유롭죠.

학 생 다시 묻고 싶어요. 도대체 무엇을 물려받으신 거예요?

상속자 정신이죠. 인간의 생명도, 기업의 생명도 영원하지 않지만 사상은 언제나 살아 있어요.

학 생 예상했던 답이에요.

상속자 인류의 찬란한 문명과 역사, 그리고 사회는 개인이 만든 것이 아닙니다. 공동체적 노력이 있었기에 가능한 거죠. 그것은 당신을 위해 준비된 유산이기도 합니다. 오늘 우리가 여기서 편안하게 대화를 나누는 것도 앞선 세대가 희생했기 때문이죠. 당신이 누리는 안전도 유산의 일부인 겁니다. 그것을 기억하세요.

학 생 그럼 저도 정신을 계승해 후대에 남길 의무가 있겠네요?

상속자 틀림없죠. 재클린이 결혼하자마자 한 일이 무엇이었을 것 같아요?

학 생 글쎄요? 잘 모르겠어요.

상속자 집 근처 조지타운 대학에서 미국사 수업을 듣는 것이었어요.

학 생   미국사요? 재클린은 프랑스 역사에서 자신의 과거를 바꾸지 않았나요?

상속자   그랬죠. 원래부터 재클린은 미국의 역사에 관심이 없었어요. 예전부터 미국사는 조금 따분한 과목이라고 생각했죠. 물론 외워야 할 날짜가 너무 많았던 것도 이유였죠. 하지만 제일 큰 이유는 잊고만 싶은 그녀의 아픔을 자꾸 떠오르게 한다는 것이었습니다. 그녀의 과거—즉 집안 배경과 타고난 계층을 아우르는—또한 역사의 큰 줄기 안에 속한 이야기라서 그렇죠.

학 생   오, 재미있는 분석이에요! 그런 측면에서 보면 미국사 수업을 듣는 건 상당히 큰 변화였겠는데요?

상속자   그건 케네디도 마찬가지였죠. 어릴 때부터 영국 역사에서 위로를 받았던 그가 이제는 어엿한 미국의 상원의원이 되었어요. 신혼부부가 된 이들의 일상은 좀 특별했어요. 남편은 평일 저녁 속독 학원에 다니고 아내는 대학원에서 정치학과 미국사 수업을 들었죠.

학 생   케네디가 속독 학원을요?

상속자   원래 다독가였던 케네디는 상원의원 업무 도중에도 책을 읽기 위해 더 빠른 속도로 읽기를 원했어요. 재클린은 정치를 몰랐지만 남편이 몸담고 있는 정치와 외교라는 세계에 대해서 많은 것을 알고 싶어했죠. 조지타운 외교학부 남학생들은 새로 선출된 상원의원 부인이 자신들과 같은 수업을 듣는다는 것에 반발했어요. 다른 이유가 아니라 여학생, 흑인은 학생으로 받지도 않을 때였기 때문이죠. 이런 예외적인 경우로 인해 선후배 관계가 확실한 신사들의 학교라는 자부심에 금이 갔습니다. 이런 반응을 인식했던 재클린은 눈에 띄지 않으려고 조심했어요. 기본적으로 겸손한 성격이었기 때문에 어려운 일도 아니었죠. 같은 교실에 있던 남학생들은 그녀가 얼마나 박학다식한지 알 길이 없었습니다.

학 생 흠, 아무리 시대적 분위기가 그래도 눈치를 볼 필요는 없었을 텐데요.

상속자 오히려 이 일화는 재클린의 도전 의식을 잘 드러낸다고 생각해요. 확실히 신문 기자로 일했던 것부터 편견에 대한 도전이었죠. 그만큼 미국 역사에 대해 알고자 하는 의지가 강했어요. 케네디 부부는 주말마다 재클린이 배운 것을 직접 구경하러 역사의 현장을 답사했죠.

학 생 　두 사람 사이에 대화가 끊이지 않았을 것 같아요!

상속자 　끝없는 대화는 사랑을 몰랐던 케네디가 사랑을 알게 된 순간이었어요. 같이 읽고, 그림을 그리고, 산책하고 재클린에게는 대화의 소재가 풍부했죠. 두 사람은 완벽한 타인이지만 책과 역사에서 발견한 자신을 구원한 영웅을 공유했고, 세상을 증오하기보다 사랑하기로 마음 먹었어요.

학 생 　서로를 구원한 아름다운 쌍방 구원 서사군요…….

상속자 　특별한 게 아닙니다. 당신과 나는 혈연 관계도 아니고 완벽한 타인이죠. 그러나 같은 편이 될 수 있고, 연대할 수 있습니다. 그렇게 인간은 서로의 '구원자가'가 되는 겁니다.

학 생 　…….

상속자 　내 생각이 틀렸나요?

학 생 　……멋있죠, 멋있는 말씀이에요. 하지만 전 두려워요. 선생님의 그 제안을 받아들이는 것이 두려워요.

상속자 　뭐가 두렵죠?

학 생 　당연히 운명의 선택지죠! 제가 실패할까 봐, 남들을 구하다 인생의 패배자가 되어 욕망의 구렁텅이에 평생 빠져 있을까 봐 두려워요. 제 이익을 넘어선 행동을 하는 게 진정 자유를 가져다주는지, 애써 찾은 상속자본을 몰래 저 혼자만 간직하는 게 아니라 기꺼이 남을 지옥에서 건지는 데 써야 하는지, 저로서는 잘 모르겠어요.

상속자 참을 수 없는 혈연주의의 가벼움을 이해하려면 시간이 필요하겠죠. 아마 다음에는 공정에 관해 논하게 될 거예요.

학 생 운명이 아니라요?

상속자 그래요. 운명을 논하는 데 빼놓을 수 없는 것이 공정에 관한 대화죠. 그대도 일단 집에 가서 운명과 공정의 관계를 곰곰이 생각해 봐요.

학 생 운명과 공정의 관계라……. 좋아요. 재클린과 힐러리가 나눴다는 지적인 대화란 이런 것이군요! 저도 모르게 푹 빠져들었어요. 처음엔 그저 흉내 내기에 그칠 줄만 알았는데, 가볍지 않고 진지한 것도 좋고요. 깊이 있는 대화 상대가 저도 필요했던 것 같아요. 대화 한 번으로 운명에 대해 생각해 보게 되잖아요.

상속자 하하. 난 스몰 토크small talk는 참 어렵더군요.

학 생 스몰 토크는 저에게 배우세요! 선생님도 과외가 필요하신 것 같네요.

상속자   그럴게요. 나 역시도 행복한 시간이었어요. 고마워요.

그럼 생각이 정리되면 내게 돌아와요. 언제든 다시.

다섯 번째 만남

'원점'으로 뚜벅뚜벅, 다시 돌아온다

학생의 고민은 끝나지 않았다. 언젠가 나는 운명을 사랑할 수 있을까? 운명이 나를 사랑한다는 것을 확신한다면, 이렇게 흔들릴 필요도 없다. 인간에게 자유의지가 주어졌다지만, 인간은 운명의 선택을 받고 싶어 한다. 그렇지 않다면 왜 사람들이 역술인과 점집을 찾으며 앞날을 예견해 달라 애원하겠는가? 미래가 자신을 향해 미소 짓기를 바라는 것이다. 나는 그들과 달라. 마지막 힘이 닿는 데까지 운명과 싸우겠다고 결심하며 학생은 문을 열었다.

비혈연 관계에 구원이 있다

상속자   돌아왔군요.

학 생   네. 오래도 걸렸어요. 이후로 내내 상속자본의 용도에 대해 생각해 보았어요.

상속자   무사히 돌아왔으니 다행이에요. 어땠어요?

학 생   선생님 말씀대로 상속자본은 매력적인 사상이에요. 가장 중요한 것은 혈연관계를 통해서만 얻어진다는 핏줄의 신화를 파괴하죠. 기업의 후계자보다 역사의 후계자가 우위에 있다는 개념도 파격적이에요. 상속이 가정 내에서 비밀스럽게 이뤄지는 것이 아니라 사회 전체에서 가능하다는 것도 상식을 뒤집죠. 부모로부터의 상속에서 사회로부터의 상속으로 가는 것이 우리 모두가 역사의 후계자가 되는 과정이다. 우리가 연대해야 하는 이유를 꿰뚫는 훌륭한 통찰이라고 생각해요.

상속자 ……훌륭한 통찰이다. 그런데요?

학 생 뜨끔해라, 제 생각을 읽으신 듯하네요. 네, 아직 문제가 남아 있어요. 솔직히 말씀드려서 종교가 없는 제겐 구원 운운하는 말이 잘 와닿지 않아요. 신은 저를 구원하지 않아요. 제가 늘 운이 없어서 알아요. 저의 구원은 오직 제게 있어요. 타인에게 있지도 않아요. 제가 누군가의 도움을 받았다면 그건 우연이겠죠. 그러니까 저를 설득하려 하지 마세요!

상속자 과연. 결의가 느껴지는 단호함이군요.

학 생 선생님께서는 집안 배경이 과거이자 현재, 그리고 미래라는 믿음을 바꾸는 데까지는 성공하셨어요. 그러나 타인을 구하기 위해 저를 희생하고 싶지는 않아요. 그건 스스로를 사랑할 줄 모르는 자존감 낮은 바보들이나 하는 짓이라고요! 선생님은 '돈에 대한 집착'에서 '타인에 대한 사랑'으로 전환하라고 하셨지요. 타인에 대한 사랑이 중요한 것은 사실이에요. 동의합니다. 하지만 우리 인간은 어떻게 해도 돈이 필요하고, 먹고살아야 해요. 먹고사는 문제 앞에서 다른 사람은 보통 구원자가 아니라 경쟁자죠.

상속자 왜 굶어 죽지 않는 사회에서도 생존의 위협을 느끼는 걸까요? 생각은 해봤어요?

학 생 생각해 봤어요. 예를 들어 사회에 대한 믿음이 부족해서죠. 공정에 대해 고민해 보라고 하셨잖아요. 한때 사람들은 운명의 공정함을 믿었어요. 인과응보, 권선징악 같은 것들이요.

상속자 인과응보, 권선징악이요?

학 생 선을 행하면 선을 거두며, 악을 행하면 언젠가는 그에 대한 대가를 치르게 될 것이라 믿었죠. 우리의 행동이 곧 우리 자신에게 돌아오는 것, 산스크리트어로는 '카르마Karma[1]'의 원리였어요. 그러나 현대 사회에서는 이 원리가 무너져 가고 있죠. 과거의 도덕적인 규범은 무용지물이 되었고 돈의 위력은 나날이

---

1 불교에서 말하는 업(業) 또는 업보(業報)를 말한다. 인도의 종교와 철학에 있어서 윤회와 더불어 핵심이 되는 개념이다. 인도의 경전 대부분은 산스크리트어라는 고대 언어로 쓰였다.

거대해지고 있어요. 사람들의 마음에는 온기가 사라지고 냉기만 가득 흐르죠. 우리 할아버지는 할머니를 때렸어요. 그걸 보고 자란 엄마는 저를 때렸죠. 폭력은 대물림되었고, 저의 사춘기는 지옥이었어요. 탈출하고 싶어서 죽어라 공부했어요. 도움의 손길은 없었어요.

상속자   안타깝네요. 그렇다면 그대는 어떤 때에 운명의 공정함에 불신이 생기나요?

학 생   공부를 열심히 해도 안 될 때요. 어릴 때 학교에서 배우길 '이 나라는 평등한 곳은 아닐지 모르지만, 공정한 기회를 가질 수 있는 나라'라고 했죠. 노력하면 혈연이나 재산에 기대지 않고도 정당하게 성공할 수 있다는 약속이 있었죠. 적어도 대학 입시는 공정하다고 사람들은 믿었어요. 시험 앞에서는 모두가 평등하다고. 그런데 그것도 학원비를 내주는 부모님이 있어야 하던데요. 좋은 학군에 산다는 것부터 우연이 아닐지도 몰라요. 그게 과연 실력일까 생각하게 돼요. 특권일 수도 있잖아요.

상속자   알겠어요. 지난번에 상속자본의 숨겨진 용도에 관해 설명했으니, 오늘은 보다 깊이 들어가 보도록 하죠.

학 생 선생님의 답은 뻔해요. 언제나 그렇듯 거듭나라고 말씀하겠죠. 하지만 그런 말은 제게 아무런 도움이 되지 않아요. 그건 거듭남 이전의 문제니까요.

상속자 그렇게 생각할 수 있어요. 혼란스러울 거예요. 그 숨겨진 용도는 최근에야 밝혀졌거든요. 재클린의 딸 캐롤라인에 의해서죠. 최근 캐롤라인은 50년 동안 묵혔던 어머니의 비밀 문서를 세상에 공개했어요. 재클린은 모든 것을, 어쩌면 자신의 치부까지도 후대를 위해 기록으로 남겨 두고자 구술 녹음을 했죠. 그러나 딸로서 어머니의 치부를 세상 밖으로 드러내는 건 쉽지 않은 일이었어요. 한참 고민 끝에 캐롤라인은 "어머니가 내 소유가 아니라 역사의 소유라는 것을 알아차렸다"라고 결론 내렸죠. 재클린은 케네디와 연대하며 자신의 삶 곳곳에 상속자본의 진정한 의미를 숨겨 두었어요. 그것은 바로 비혈연 관계에 구원이 있다는 것이죠. 그 의미를 죽어서도 세상에 알리고자 한 것이 그녀의 소명이었던 겁니다.

학 생 비혈연 관계에 구원이 있다고요?

상속자 그렇습니다. 미국 국민은 피 한 방울 섞이지 않은 케네디 가족을 자신들의 가족처럼 여겼어요. 백악관에서 존 주니어가 태어났을 때, 자신들의 아들이 태어난 것처럼 기뻐했죠. 케네디가 암살당했을 때 온 국민이 슬퍼하고 재클린에게 위로의 편지를 보냈죠. 대통령 가족이 그렇게 사랑받은 것은 유례없는 일이었어요. 결국 핏줄보다 진한 건 사랑이에요. 그러니까 이런 겁니다. 돈이 지배하는 세상에서 상속자 정신과 상속자본은 투구와 방패와도 같은 거죠.

학 생 투구와 방패요? 전쟁터라도 나가나요?

상속자 돈이 지배하는 세상은 영혼을 파괴하는 전쟁터나 다름없습니다. 타고난 계층으로 인간의 우열을 가르고, 선과 악을 구분할 수 없게 우리의 시야를 흐려 놓죠. 그런데도 자기의 핏줄만 최고로 여기면 우리 모두 파멸을 맞이할 겁니다. 오늘의 대화는 오랫동안 혈연 구원 서사에 갇혀 있던 그대가 성장하기 위한 마지막 관문이에요.

학 생 그러면 우리의 대화는 어디에 다다르게 될까요?

상속자 아마도 '어디서부터 미래를 여는가'라는 주제에 이르겠죠.

학 생 와, 상속자 정신과 상속자본 끝에 새로운 미래가 있다는 거예요?

상속자　미리 답을 주면 재미가 없겠죠. 지금 우리에게 필요
　　　한 것은 대화예요.

학 생　좋아요. 기꺼이 합류하겠어요. 시작하시죠!

'네메시스의 검'을 뽑으라

상속자　먼저 재클린 사상의 탄생 배경에는 '편지 쓰기'가 중
　　　요하게 등장합니다. 작가가 되지 못한 한을 재클린
　　　은 편지로 풀었어요.

학 생　사생활 보호를 위해 일기조차 쓰지 않았던 그녀로서
　　　는 의외의 행보인데요?

상속자　그렇죠. 재클린이 편지를 쓰는 목적은 대체로 뚜렷
　　　했어요. 감사하는 마음을 잊지 않기 위해 편지를 썼
　　　죠. 누구든 자신에게 베푼 친절이나 호의에 고마운
　　　마음을 반드시 표현했죠.

학 생　그게 쉬운 일은 아니거든요! 저는 고마운 마음이 생
　　　겨도 바쁘다거나 쑥스럽다는 핑계를 대요. 표현하는
　　　것에 익숙하지 않아서요. 그냥 마음에 묻어 두는 경
　　　우도 다반사죠. 한참 지나고 나서 '그때 고마웠어'라

고 말했던 적도 있어요.

상속자   대부분 그렇죠. 특이하게도 재클린은 편지에서 받는
사람의 이름을 반복해서 불렀어요. 그건 상대방의 배
려가 자신의 권리인 것처럼 생각하지 않으려는 의식
같은 거였죠. 현재 누리는 혜택이 '그 사람' 덕분이라
는 것을 수차례 이름을 불러 스스로 상기시켰어요.
뭐든 당연하다고 생각하는 순간 특권의식이 됩니다.

학 생   상대방의 배려를 당연하게 여기는 생각이 특권의식
을 불러오는군요? 그건 상속자 정신에 위배되는 것
일 테고요!

상속자   위배됩니다. 상속자 정신에 영향을 크게 준 인물은
친할아버지죠. 재클린은 할아버지와의 편지로 키워
졌다고 해도 과언이 아니거든요.

학 생   할부지 부비에요? 다시 등장했네요.

상속자   친부모가 제 역할을 못 하는 가정에서 할아버지는
재클린에게 유일한 '좋은 어른'이었어요. 그는 손녀
의 문학적 재능을 발견하고 이를 지켜보는 걸 낙으
로 삼았죠. 두 사람은 뉴욕에서 같은 동네에 살 때도
편지를 주고받았어요. 할아버지는 어린 손녀에게도
정중한 말투를 쓰고 조언을 아끼지 않았어요. 할아

버지는 재클린이 한 살일 때부터 생일마다 손수 시를 지어 선물했고, 덕분에 재클린은 어려서부터 시를 좋아했죠. 시를 습작한 뒤 고쳐야 할 부분이 있는지 할아버지에게 비평을 부탁하는 편지를 보냈어요. 여기 편지 몇 통을 정리해 놓았는데, 한번 볼래요?

학 생 네, 보여 주세요!

사랑하는 재클린에게,

이 할애비한테 앞으로 '편지 많이 쓸게요'라는 확언을 받으니 이렇게 기쁠 수가 없구나. 마치 성당에서 영성체를 모시고 난 다음 스며드는 감사한 마음이랑 비슷하단다. 하지만 우리가 늘 성찬 전례를 마치고 영적으로 변하겠다고 굳은 결심을 해도, 잔가지 한 다발이 풀리는 것처럼 열의는 금방 식어 버리잖니? 그래서 그 옛날 호레이스 월폴과 체스터필드 경이 교환했다는 유명한 서신처럼 우리도 끊이지 않고 편지를 주고받는 게 어떨지 생각한단다.

——할아버지가

상속자 이게 열세 살 때 할아버지에게 받은 편지죠.

학 생   오오, 그렇군요.

상속자   이건 고등학교 입학에 맞춰 도착한 편지예요.

사랑하는 재클린에게,

파밍턴 기숙학교라는 좋은 학교에 다니는 것에 감사하고,
학교에서 제공하는 모든 기회를 흡수해서 진로를 잘 준비해
나가는 게 중요하단다. 할애비가 보기에 우리 재클린에게
뛰어난 리더십이 있다고 생각하지만, 남들을 리드하기 전에
자신을 먼저 올바르게 세울 줄 알아야 한단다. 그래야만
진정으로 쓸모 있는 사람이 될 수 있단다.
다른 이를 돕고 이롭게 하는 사람만이 진정한 리더가 될 수
있으며, 하느님이 보시기에도 가장 유능한 자가 되는 것이란
다. 그렇다고 네가 너무 중요한 사람이라는 착각에 빠져
잘난 체해서는 안 된단다. 오만이 마음에 깃들면 도덕군자
인 체하는 위선자가 되고, 헛똑똑이가 되는 것이니까.

— 할아버지가

학 생   후훗, 일종의 행동 강령 같은 거네요. 귀에 들리
        는 것 같아요. '너를 안 보고 있는 것 같지만 다
        보고 있다, 어디서 뭐 하는지!'

260

상속자 누구라도 보고 있어야 했죠. 사춘기 시절 재클린은 장난꾸러기에 말썽 피우는 걸 좋아해서 감시가 필요했어요. 다음 편지에 나오는 '당쐬즈'는 재클린의 말이에요. 친구들이 집에서 말을 데려와 학교 마구간에 두는 것을 보고 부러웠던 재클린은 할아버지에게 달려갔죠. 부모님은 허락하지 않았거든요.

재클린에게,

너무 사치스러운 낭비가 아닌가 우려되기도 한다만, 네 정신과 신체 건강을 위한 것이라면 꼭 필요한 비용이 될 수도 있겠구나. 여기에 당쐬즈가 자연스레 포함되겠다고 지레짐작했다. 당쐬즈는 심리적으로도 너를 돕는 듯하구나. 건전한 방법으로 이 더럽고 속물적인 세상에서 너의 영혼을 해방시켜 주는 듯하다. 그렇다면 이 할아버지가 네가 말을 탈 수 있도록 오는 4월부터 매달 25달러씩 보태주마. 이 어려운 시기에 너와 내가 이런 사치를 누리는 걸 당연하다고 생각하는 것 같으냐? 할아버지는 그렇게 생각하지 않는단다. 하지만 당쐬즈를 유지하는 일이기에 우리가 의견 일치를 본 게다. ──할아버지가 학 생 속물적이고 냉담한 세상에서 손녀의 영혼을 지키려는 할아버지의 마음이 느껴져요. 겸손한 사람이 되기를 바라는 진심도 묻어나오고요. ……선생님, 할아버지의 간절한 당부를 읽으니 문득 이런 의문이 들어요. 과거 아버지를 중심으로 한 가부장제의 질서가 무너지고, 결혼하지 않고 살아가려는 젊은이들의 선택도 존중받기 시작하잖아요. 가족을 이루려는 사람들은 줄었는데, 왜 도리어 '내 가족의 우월함'을 자랑하는 일이 더 중요하게 느껴질까요? 인간의 마음은 겸손보다 오만으로 향하고, 낮아지기보다 우월해지고 싶은 욕망으로 기우는 것 같아요. 이런 세상에서 제 영혼을 지키려면 어떻게 처신해야 하나요?

상속자 답을 줄게요. 그대는 네메시스Nemesis의 검을 뽑아야 합니다.

학 생 네메시스요? 그게 누군데요?

상속자 네메시스는 그리스 신화에 나오는 복수의 여신이에요. 모든 교만과 오만[2]을 심판하는 판관이죠. 네메시

---

2 '휴브리스(hubris)'라고도 부른다. 고대 그리스어로 '신의 영역을 침범한 오만'이라는 뜻이다. 고대 그리스인들은 이를 '신성모독'이라는 일상적 단어 대신, '휴브리스'라는 개념을 정립하여 각별한 관심을 기울였다. 휴브리스는 '아르테(arte, 탁월함)'에서 싹튼다. 스스로 탁월하다고 생각하는 순간 오만이 성장하는 것이다. 휴브리스의 덫에 빠진 사람들의 증상으로는 우월감, 선민의식, 나르시시즘, 공감능력 결핍, 갑질 등이 있다.

스는 자매이자 행운의 여신이기도 한 티케가 사람들에게 행운을 나누어 주는 것을 유심히 지켜봤어요. 그러다가 행운을 얻은 인간이 교만해지거나 다른 사람에게 자신의 행운을 나누어 주지 않고 독차지하면 네메시스의 복수가 시작됐죠.

학 생   아핫, 정의로운 복수, 정당한 복수만을 관장하는군요!

상속자   '가족의 우월함'은 행운일 뿐이지 운명의 우월함이 아니에요. '내 가족이 남의 가족보다 낫다'는 생각은 교만하게 만들고 다른 사람을 경멸하게 하죠. 네메시스는 그때 칼을 뽑아들어요. 그것은 인간의 오만을 향한 신의 분노를 상징합니다.

학 생   음, 전에 프리드리히 니체Friedrich Nietzs-che라는 철학자가 이와 비슷한 말을 했더라고요. "괴물과 싸우는 사람은 그 싸움 속에서 스스로 괴물이 되지 않도록 조심해야 한다. 당신이 심연[3]을 오랫동안 들여다본다면, 심연 또한 당신을 들여다볼 것이다"라고요.

---

3 깊을 심(深), 연못 연(淵)을 써서 '깊은 연못', '바닥이 없는 아주 깊은 구렁'이라는 뜻. 독일어로는 압구룬트(abgrund), 영어로 어비스(abyss)라고 한다. 악과 싸우고 선을 추구하는 사람이 결국 자신이 그토록 피하고자 하던 악과 꼭 닮아 있는 상황을 일컫는다. 니체는 심연에는 절대적인 선과 악이 없기 때문에 스스로 경계하지 않으면 자신을 잃을 위험을 경고했다.

『선악의 저편』이라는 책이었어요.

상속자   그래요, 그대도 알고 있군요. 악과 싸우고 선을 추구하는 사람이 결국 자신이 그토록 피하고자 하던 악과 꼭 닮아 있는 상황을 가리키죠.

학 생   그러고 보니 여기에도 '선악'이라는 말이 나오는군요. 사람들은 우월 의식을 가진 사람을 싫어하지만, 동시에 카리스마를 느끼고 동경해요. 증오하면서도 닮고 싶은 게 우월감의 유혹인가 봐요.

상속자   그래요. 우리는 가족의 우월함이 부족한 것이 아닙니다. 그저 '각성'하지 못한 것이죠. 깊은 잠에서 깨세요. 모든 것은 '다시 태어남'의 문제입니다.

오만함이라는 인간의 결점

학 생   하지만 모르겠어요. 인간의 오만에 대한 복수를 어떻게 완성하는지. 재클린은 네메시스의 검을 뽑아 들었나요? 와스프의 교만을 무너뜨렸어요?

상속자   무너뜨렸죠. 케네디와 교제하고 얼마 후, 재클린은 예비 시댁이 있는 하이애니스포트에 처음으로 인사를 갔어요. 그곳에서는 놀라운 풍경이 펼쳐졌죠. 우선 상당한 인원이 대가족을 이루고 있었는데, 알고 보니 직계 가족만이 있는 게 아니었어요.

학 생 　직계 가족이 아니라면요?

상속자 　집 안에 드나드는 사람이라면 외부인이어도 너무나 자연스럽게 대가족의 일원처럼 다 같이 밥을 먹고, 여행을 가고, 휴가를 보냈죠. 사람들을 집으로 초대하는 건 늘 있는 일이었고요. 게다가 케네디의 단짝 빌링스를 거의 입양하다시피 했거든요. 케네디와 같은 고등학생이던 그를 십 대 시절부터 가족 구성원으로 받아들였어요. 빌링스는 동성애자였고 당시 미국은 동성애가 법으로 금지되어 있었는데도 가족들은 개의치 않았어요. 형제자매 모두 이 사실을 알았지만 빌링스의 비밀을 지켜 주었죠. 케네디의 어머니 로즈는 "빌링스가 우리 집 현관에 나타났을 때부터 그는 이미 우리 가족이었다"라고 말했을 정도로 따뜻하게 받아들였어요.

학 생 　진보적인데요? 개방적이기도 하고요.

상속자 　예비 시댁의 그런 면이 재클린을 끊임없이 놀라게 했어요. 폐쇄적인 와스프의 집단 이기주의와 차고 넘치는 과시욕을 보고 자랐기 때문에 더욱 그랬죠. 오킨클로스가에서 새아버지는 집 안 곳곳에 가문의 문양을 새겨 넣고, 심지어 화장실 벽에도 볼일을 볼 때마다 보려고 가계도를 붙여 놓았죠. 반면 케네디가 사람들은 남에게 보이는 것에 신경을 쓰지 않을 뿐 아니라 노력 자체를 하지 않는다는 사실이 재클린에게 문화 충격이었죠.

학 생   뭐, 훨씬 인간적인데요!

상속자   너무나 인간적이었죠. 재클린은 예비 시아버지와 잘 지냈고 시댁 형제자매와도 금방 허물없이 친해졌죠. 그러면서 가족의 비극 또한 알게 되었어요. 조종사였던 맏형 조셉이 몰던 전투기가 프랑스 공중에서 폭파해 산산조각이 난 채 전사한 비극이었죠. 미 해군 장교였던 그는 29세 나이에 순직해 식구들은 큰 슬픔에 빠졌고, 특히 아버지는 나라를 잃은 듯한 슬픔을 느꼈어요.

학 생   아버지가 장남에게 거는 기대가 컸나 봐요.

상속자   주변 모든 사람들의 기대를 받던 촉망받는 수재였죠. 가문의 수장 조지프는 눈물을 잘 보이지 않는 사람이었지만 그날은 자신의 서재에서 한참 동안 울었어요. 형의 죽음은 케네디에게도 충격이었습니다. 아마도 형의 죽음이 아니었다면 케네디는 정치에 투신하지 않았을 거예요. 집안의 기대를 모았던 장남이 죽자 차남 케네디는 그 유산을 온전히 이어받고자 했죠. 그것이 형의 뜻을 받드는 유일한 길이었으니까요.

학 생 ⋯⋯죽음 앞에서 다시 태어났군요. 그 옛날 재클린의 제비꽃처럼.

상속자 네. 죽음과 재탄생은 놀라울 정도로 맞닿아 있습니다. 케네디가 가장 아끼던 여동생 캐슬린 부부도 머지않아 사망하고 말았죠. 연이은 비극 앞에서 케네디 가족은 겸허해졌어요. 그들은 부유했지만, 생명보다 값진 것은 없음을 깨달았죠. 그래서 살아 있음에 감사했어요. 그리고 살아 있는 순간에는 최선을 다해 살아 내기로 결심했어요. 서로 사랑하면서. 가슴 아픈 일을 수차례 겪고도 밝고 환하게 웃는 가족들의 모습을 보며 재클린은 깊은 인상을 받았어요. 그리고 시어머니 로즈에게 이렇게 편지를 썼죠. "이렇게 사랑이 넘치고 유대감이 끈끈한 가족은 드물 거예요. 제가 어머니의 반만 따라가도 행복한 가정을 꾸릴 수 있을 거라 확신해요." 이에 질세라 케네디는 장인과 장모에게 이렇게 전달했죠. "황홀하다는 말의 뜻을 이제야 알았습니다. 재클린을 영원히 제 마음에 새길 겁니다. 아버님 어머님, 그녀를 얻을 자격이 부족한 저를 허락해 주셔서 감사합니다. 사랑하는 사위 드림."

학 생 　인상적이네요. 제 가족의 우월함만을 내세우는 집단 이기주의와는 결이 달라요. 어느 쪽이든 가족은 중요하겠죠. 하지만 피 한 방울 섞이지 않은 사람도 가족으로 받아들이고 사랑하는 건 좀 더 근본적인 가족애랄까요. 내 가족의 우월함만 필요하다면 혈육이 아닌 사람에게서 찾지는 않을 테니까요?

상속자 　동의해요.

학 생 　그렇지만 완전히 납득하지는 못했어요. 오만함이 왜 나쁜가요? 물론 거만한 사람을 보면 기분 나쁘긴 해요. 반대로 생각하면 사람들을 압도하는 매력이 있죠. 근거 있는 자신감이 부럽기만 한걸요. 무엇보다 자존감이 높아 보이잖아요. '나'를 정말 사랑하나 보죠.

상속자 　그런가요? 자존감이 높고 낮음이 뭐가 그렇게 중요하죠? '나는 있는 나다'는 생각이야말로 자신의 존재를 충분히 받아들이는 진정한 마음가짐이죠. 우리는 '자존감이 높은 사람'과 '자존감이 낮은 사람'으로 구분하며, 모두가 더 높아지려고 애쓰고 있습니다. 그러다 보니 오만한 사람이 매력적이고 멋있다고 착각한 겁니다.

학 생 나는 있는 나다…….

상속자 물론 스스로를 사랑하는 건 자신을 혐오하는 것보다는 좋은 일이죠. 그러나 자신의 존재를 긍정하면서 사는 것과, 자존감에 계층을 매겨 놓고 우열을 가리는 것은 다릅니다. 그런 자존감은 허상에 불과한 경우가 많죠. 그리고 사랑은 상대가 있어야 하는 겁니다. 혼자서는 할 수 없어요. '나'를 열정적으로 사랑하는 사람은 제대로 사랑하지 못해서 그런 겁니다. 아무도 사랑할 수 없어서 자신만 사랑하는 사람을 가엾이 여기세요.

학 생 ……아니, 뭐.

상속자 확실히 교만한 사람이 매력적으로 보이긴 하죠.

학 생 그렇죠? 선생님도 인정하시죠?

상속자 인정해요. 악은 인간을 파멸할 수 없지만, 유혹하는 것은 가능하니까요. 파멸로 스스로 걸어가도록.

학생 너무 무서워요. 이 복수의 완성은 혼자의 힘으로는 불가능하다는 것이 명백해지고 있어요! 네메시스의 검은 저 혼자 뽑기에는 아주 무겁다고요!

상속자 함께 뽑아요. 많은 신화에서 오만함을 인간의 가장 큰 결점으로 다루죠. 인간이 행운을 누리는 것은 스스로 잘나서가 아니라 '신의 개입'이 있었음을 아는 데 장애가 되기 때문이에요.

학생 비슷한 말을 알아요. '교만한 자는 스스로 영광을 취한다.'

상속자 그래서 그대와 나의 이 복수는 우리의 영광이 될 거예요. 지금부터 우리에게 필요한 것은 옳고 그름을 구별하는 눈이죠.

학생 자, 잠시만요! 그건 논지를 벗어난 것 같아요. 전 옳고 그름을 따지기보다는 오직 타고난 계층에서 벗어나 높은 곳으로 올라가고 싶을 뿐이라고요.

그 '집'이 어디에 서 있는가 보라

상속자 처음 케네디가 대통령이 되고 싶다고 털어놓았을 때 재클린은 그가 미쳤다고 생각했어요. 시간이 지날수록 케네디의 진가가 드러났고 재클린의 생각도 진지한 쪽으로 바뀌었죠. 남편이 대통령이 될 수도 있겠다고 생각한 시점부터 재클린은 무언가 구상하기 시작했어요.

학 생　무엇을 구상했는데요?

상속자　달라진 백악관을 꿈꾸었죠. 역사와 문화가 살아 숨쉬고, 나라에서 가장 으뜸가는 '집'으로서의 영광을 회복한 백악관을.

학 생　그것 보세요. 저 높은 곳에 서 있는 집에 대한 욕망을 요!

상속자　어린 시절의 기억이 욕망을 앞섰을 거예요. 재클린은 열한 살 때 난생처음 워싱턴에 놀러 갔던 기억을 줄곧 마음에 담고 있었죠. 때는 부활절 주간이었고, 어머니와 함께 다른 여행객들 틈에 섞여 정문 앞에 줄을 섰어요. 한참 뒤에 관람한 백악관은 실망 그 자체였죠. 어린 재클린은 백악관을 보고 이상하게 기운이 없어졌어요. 음산하기만 하고 기념으로 가지고 갈 만한 안내 책자도 없었죠. 그 위대한 집과 그곳에서 살았던 대통령에 대해 배울 만한 게 아무것도 없었던 겁니다.

학 생 이때의 기억이 집에 대한 욕망을 부추긴 게 아니고
요?

상속자 아니요. 재클린의 목적이 분명해졌죠. 가정환경에서
만 은밀하게 상속되는 문화자본을 해체하는 것. 그
래서 국민들에게 그들도 물려받았음을 알리고, 상속
자로 다시 태어나게 하는 것. 그것이 태어나면서부
터 가족을 통해 계급을 대물림하는 와스프에 대한
그녀의 복수였죠. 그리고 백악관은 재클린이 설계한
복수에 완벽하게 들어맞는 만인의 '집'이었던 셈이
에요.

학 생 반대는 없었나요?

상속자 왜 없었겠어요. 백악관 복원을 발표하는 즉시 엄청
난 반대에 부딪혔죠. 선거와 취임식 사이의 기간 동
안 재클린은 국회도서관의 도움을 받아 백악관을 다
룬 역사서와 자료를 열심히 연구했어요. 방이 132개
나 되는 백악관을 복원하는 것은 엄청난 작업이었
죠. 규모 면에서만 어마어마했던 것이 아니라 정치
적인 위험 요소도 다분했어요. 전 국민이 주인이자
공공건물인 백악관을 영부인 마음대로 수리하고 새

단장하는 것은 세금 낭비라는 국민의 노여움을 살 것이 불 보듯 뻔했죠. 조용히 지켜보던 케네디도 걱정스러운 나머지 재클린의 계획에 반대했어요.

학 생   모두가 등을 돌렸군요! 과연 우리의 히로인은 어떻게 헤쳐 나갔을까요?

상속자   재클린은 지체없이 공식 입장을 밝혔어요. 그리고 국민들을 설득했어요. 그들의 동의를 얻고자 노력했죠. 백악관을 '복원'하는 것은 '단장'하는 것과는 관계가 없다고요. 이를 예쁘고 사치스럽게 꾸미는 것에 비유한다면 신성모독이라고 강경하게 대응했죠.

학 생   목표에 흔들림이 없네요. 맹렬하기도 하고.

상속자   백악관 복원이 내 집이 허물어져 있는 사람들을 위한 상징적인 재건이라는 것을 대중에게 차근차근 이해시켰어요. 그녀의 목표 의식과 진심에 사람들은 너도나도 참여하고 싶어졌어요. 재미있는 점은 위원회에 와스프 출신들도 대거 참여했다는 것이죠. 출생으로만 도달할 수 있는 높디높은 신분의 벽을 자신들의 손으로 무너뜨린 셈이죠.

학 생   하지만 그깟 위원회 가지고 와스프들이 '추락'할까요? 자신들의 기득권에 별 위협이 되지 않으니까 참

가족애를 확장했을 때,
바로 혈연관계와 똑같은 관계를 맺는 것이니까요.
곧 새로운 가족의 탄생입니다.

여했겠죠.

상속자 지위의 추락에 대한 공포가 도덕성 타락에 대한 공포
보다 클 때 우리 사회는 서서히 지옥으로 들어가죠.

학 생 아니요, 생존에 대한 제 욕구를 인정해 주신다면 그
런 말씀은 못 하실 거예요.

상속자 왜 당신은 아직도 추락할까 봐 두려워하는 걸까요?
왜 바깥세상으로부터 안전하다고 느끼지 못하는 걸
까요?

학 생 저희 '집'의 벽과 지붕이 추위와 비바람을 막아 주지
못하는 게 아닐까요?

상속자 그렇군요. 재클린 사회학을 이해하고 새로운 삶을
살려면 그 '집'이 어디에 서 있는가를 봐야 합니다.

학 생 네? 어디에 서 있다니요?

상속자 먼저 집을 짓는다고 상상해 봐요. 어떤 일들을 떠올
리고 구상하겠어요?

학 생 음, 어느 정도 크기로 할지, 어떤 모양으로 할지, 어
떤 색으로 칠할지, 내부 구조는 어떻게 할 것이며, 장
식은 어떻게 할지 구상할 것 같은데요?

상속자 보통 눈에 보이는 일들을 먼저 떠올리고 구상하죠.
그런데 눈에 잘 띄지 않는 기초를 놓는 일에도 신경

을 많이 써야 해요. 그래야만 머릿속에 그리는 예쁘고 세련된 집이 추위와 비바람에도 끄떡없이 그 모습대로 서 있을 수 있겠죠.

학 생 그렇죠.

상속자 재클린 발자취에서 찾은 상속자 정신과 상속자본은 지금 우리 사회를 살아가는 '기초 공사'에 해당합니다. 이것은 모래 위에 집을 짓지 않는 것을 의미하기도 하죠. 폭풍우가 들이닥칠 때 어떤 집은 버텨 내고 다른 집은 버텨 내지 못하는 이유이기도 해요.

학 생 여기서 폭풍우란 위기의 순간을 비유로 드신 건가요?

상속자 네. 다양한 형태의 위기가 있겠죠. 누구에게는 쓰디쓴 시련과 고난으로 다가오고 누구에게는 달콤한 유혹으로 다가올 수 있겠지요. 위기의 순간은 반드시 찾아오기 마련이에요. 관건은 그때에 그대의 집이 기반이 단단한 곳에 서 있는지 아니면 무른 곳에 서 있는지에 달렸죠.

학 생 집도 절도 없는 사람은 어떡해요?

상속자 당신도 이미 집을 단순한 거주 공간을 넘어 자신을 지켜 주는 '안식처'로 의미를 부여한 것 아닌가요?

우리 마음 안에 안식의 공간이 마련되었다면 그보다 더 안전한 집은 없겠죠. 마음에 집이 없다면 아무리 호화로운 대저택에 산다고 해도 그 집은 반석 위에 지어진 집이 아닐 거예요. 추위와 비바람에 쉽게 무너지고 말겠죠.

학 생 마음에 마련된 집이라, 위로는 돼요. 아직 반박할 말이 남아 있지만요.

상속자 나는 가난한 이들을 위한 기쁜 소식을 전달하고 싶었습니다. 집이 없는 사람들에게 슬퍼하지 말라고.

학 생 ……!

상속자 당신의 마음에 집이 있다면, 그곳은 반석 위에 서 있는 세상에서 가장 안전한 집입니다. 나는 재클린의 사상을, 한 명이라도 더 많이, 후배들에게 알려 주고 싶습니다. 동시에 더 많은 인생 선배들에게도 알려 주고 싶어요. 나이에 상관없이 인간은 새로 태어날 수 있으니까요.

'내 집'만을 지키려는 사람을 향한 거룩한 복수

학 생 하지만 말이죠. 재클린에게 '내 집'은 백악관이잖아
      요? 이건 어떻게 설명하실 건지요?

상속자 공교롭게도 재클린은 한 번도 백악관을 '내 집'이라
      고 한 적이 없어요.

학 생 에이, 설마!

상속자 그럴 만한 사건이 있었죠. 현직 영부인이 차기 영부
      인에게 취임식 전 백악관에 초대하는 관례가 있었어
      요. 당시 대통령은 아이젠하워였고, 영부인 메이미
      여사가 그 일을 맡았죠. 그런데 재클린은 임신 중이
      었고, 막달이라 부담이 컸어요. 신임 영부인이 비서
      를 통해 정중한 거절 의사를 표하자, 아이젠하워 영
      부인은 화가 났어요. 그 소식을 들은 재클린은 출산
      일이 임박했으니 자신이 원하는 날짜에 방문해도 되
      는지 물었죠. 재클린이 건방지다고 생각한 메이미는
      길길이 뛰었죠. "여긴 내 집이야. 감히 들어오고 싶
      다고 아무 때나 올 수 있는 곳이 아니라고!"

학 생 백악관이 어떻게 자기 집이에요? 국민들의 세금으
      로 만든 집이지! 사유재산도 아니고 말이죠!

상속자 　재클린은 안도의 한숨을 내쉬었어요. 그 큰 집을 만삭의 임산부가 구경하는 건 도저히 불가능하다고 생각했죠. 오히려 가지 않아도 된다는 사실이 기뻤어요. 그런데 언론이 두 영부인의 불화를 문제 삼았고, 메이미는 출산하고 입원한 재클린에게 다급하게 방문을 재요청했죠. 재클린은 바보처럼 가겠다고 했어요. 후회할 선택이었죠. 그러지 말았어야 했는데. 제왕절개 후 몸을 가누기 힘든 상태였는데도 간곡한 부탁을 거절하지 못했어요. 메이미 측은 백악관에 휠체어도 준비되어 있다고 했지만 거짓이었어요. 층마다 질질 끌려 다니는 재클린에게 아무도 앉으라는 소리를 하지 않았죠. 막 출산한 그녀를 취재진 앞에 서게까지 하는 메이미의 이기심이 극에 달하자, 재클린은 울음이 터지고야 말았어요. 병원으로 돌아온 뒤에도 이틀 내내 눈물이 멈추지 않았죠.

학 생 　지독하고 형편없는 대우예요!

상속자 　젖 먹던 힘까지 쥐어짰으니 2주를 앓아 누웠죠. 한편 재클린은 메이미가 우스웠어요. 말 끝마다 "여긴 내 집이야!" "이건 내 카펫이고!" 하는 교만에 질색해 자신은 절대 그러지 않겠다고 다짐했죠.

학 생　　아니, 역사를 사유화하려는 건 이기적이군요!

상속자　　그런 이기심에 가려 당신도 나도 자신이 역사의 후
　　　　계자인줄도 모르고 살아온 거죠. 이에 맞선 재클린
　　　　은 예정된 기간 안에 복원 작업을 마쳤고, TV 프로그
　　　　램에 출연하겠다는 깜짝 놀랄 결정을 내렸어요. 영부
　　　　인의 방송 출연은 큰 화제였어요. 5천만 명이 넘는 시
　　　　청자들이 〈재클린 여사와 함께하는 백악관 여행〉을
　　　　보기 위해 채널을 고정했죠. 열광적인 인기를 증명이
　　　　라도 하듯 재클린이 만든 〈백악관: 그 역사를 소개합
　　　　니다〉라는 안내 책자도 불티나게 팔렸어요. 기금을
　　　　마련하기 위해 제작한 이 안내 책자는 순식간에 800
　　　　만 부를 넘게 판매해 없어서 못 팔 정도 였어요.

학 생　　와, 대단해요!

상속자　　멋지지 않아요? 집이 없는 사람들도 '내 집'이 생긴
　　　　것처럼 기뻐했습니다. 아무리 나눠도 줄지 않는 집.
　　　　재클린이 일군 마법을 보기 위해 수많은 국민들이 몰
　　　　려들었죠. 재클린의 사상에는 그만큼 '집'이 중요하
　　　　게 등장합니다. 난 이것이 낭만적인 해석 덕분이라고
　　　　생각해요. 재클린이 사는 백악관은 일반인이 들어갈
　　　　수 없는 외관만 으리으리한 집에서 우리 가족들이 사

는 마음의 집이 된 거죠.

학생 　네, 취지는 좋습니다. 좋아요! 그런데 재클린과 선생님의 의도와는 상관없이 집이라는 건 말이죠, 이미 집값으로 차이가 나거든요! 집값이 비싼 동네에 사는 사람과 싼 동네에 사는 사람 사이에는 분명 보이지 않는 선이 있어요. 집은 확실히 계층을 구분 짓고, 그 집에 사는 가족의 위치나 계급을 드러내요. 재클린이 마법을 부려도, 이건 낭만적이지 않아요! 비싼 집의 문턱을 넘는 건 그 가족 구성원에게만 허락되니까요!

상속자 　그게 의문이라면 더 비싼 집에 산다고 진짜 상속자인가 살펴보면 되겠군요.

학생 　진짜 상속자, 가짜 상속자요?

상속자 　당신의 논리대로라면 비싼 집에 살면 진짜 상속자, 싼 집에 살면 가짜 상속자입니까?

학생 　그, 그건…….

상속자 　수저계급론 세계관으로 보면 당연한 논리죠. 돈이 지배하는 세상에서는 비싼 집이 선, 싼 집이 악이 됩니다. 비싼 집에 사는 사람은 선한 사람, 싼 집에 사는 사람은 악한 사람이죠. 그곳에서는 비싸 보이는 것을 구분하는 안목만 갖추면 사는 데 지장이 없을 겁니다.

학 생　　제가 한 말을 취소할게요! 비싸 보이는 것을 구분하는 안목보다 중요한 것이 있겠죠. 옳고 그름을 구별하는 눈 같은 거요.

상속자　　재클린 사회학의 '내 집'은 인간의 이기심입니다. 당신과 나는 특정인을 향해 복수의 칼을 겨누는 것이 아니죠. 우리는 인간의 교만에 대한 공동체적 복수, 그러니까 '내 집'만을 지키려는 이기심에 대한 거룩한 복수를 하는 겁니다.

학 생　　거룩한 복수라! 앞으로 어떻게 복수를 설계할지 기대되는데요? 선생님은 제 복수의 조력자인가요?

상속자　　그럼요. 나는 그대 '인생의 조력자'예요. 성장을 돕고 옆에서 함께해 주는 사람일 뿐이죠.

학 생　　선생님이 저의 조력자라고요? 가르침을 주는 스승님 같은 분이라고 여태 생각했는걸요!

상속자　　나는 재클린의 가르침을 전달하는 사람일 뿐, 무언가를 가르쳐 줄 수 있는 사람은 아닙니다.

가족의 우월함과 내 집만을 지키려는 인간의 오만과 이기심을 처단하라. 학생이 싸워야 할 것은 자신의 운명이 아니었다. 세상에 만연한 악과 싸워야 했던 것이다. 스스로만 몰랐을 뿐, 학생은 운명의 보호를 받고 있었다. 그에게는 투구와 방패가 있다. 누군가 나를 보호하고 지켜 주고 있다는 이 느낌. 운명은 내 편인가? 학생은 굳은 표정으로 말문을 열었다.

상속의 본질은 타인을 구하는 것

학 생   어쨌든 재클린은 명문가 며느리네요. 그래서 편하게 잘 먹고 잘살았어요?

상속자   해피엔딩은 저 멀리에 있습니다. 행복한 신혼을 기대하던 재클린의 바람과는 달리 남편의 건강에 적신호가 왔죠.

학 생   건강이 나빴나요?

상속자   심각했죠. 케네디는 최대한 자신의 건강 상태를 숨겼지만 더 이상 그럴 수 없는 상황이 왔죠. 원래 그는 다리를 살짝 절었어요. 그러다 제2차 세계 대전이 터지자 형처럼 해군에 자원 입대했죠. 신체 검사에서 떨어지자 수개월 동안 다시 준비해서 장교가 되었어요. 전쟁터를 누비던 중, 케네디가 진두지휘하던 어뢰함을 일본 함정이 공격했어요. 그는 부상당한 부하들을 목숨 바쳐 구출했습니다. 부하들의 생명과 자신의 건강을 맞바꾼 셈이죠. 이 사실을 재클린에게는 끝까지 알리지 않으려 했지만 허리 통증으로 대수술에 들어가면서 모를 수가 없게 됐어요.

학 생 그렇군요.

상속자 그래도 재클린은 정성껏 간호했어요. 케네디는 재클린에게 시를 암송해 달라고 부탁했죠. 유년부터 병약했던 케네디는 언젠가부터 매 순간 죽음을 생각했습니다. 가장 좋아하는 시는 앨런 시거^{Alan Seeger}의 「난 죽음과 만나기로 했네^{I have a rendezvous with Death}[4]」였죠. 재클린은 그를 위해 이 시를 암송했어요. 지속되는 통증으로 괴로워하는 남편의 주의를 돌리기 위해 신문을 읽어 주거나 카드 게임을 하기도 하고, 병문안 올 손님들을 불렀어요. 하지만 얼마 지나지 않아 모두 전부 지루해졌어요. 재클린은 케네디와는

---

4 미국의 시인. 프랑스 외인부대에 자원하여 제1차 세계 대전에 참전했다. 시인은 의인화한 '죽음(Death)'과 '만날 약속(rendezvous)'을 했다고 표현했다. '내가 한 약속을 지키리라/결코 그 약속을 어기지 않으리.' 이 시를 쓰고 얼마 지나지 않아 솜(Somme) 전투에서 향년 28세에 전사했다.

좀 더 생산적인 대화를 해야 된다는 것을 알아차렸어요.

학 생   생산적인 대화요?

상속자   영혼을 고취시키고 여운이 남는 대화를 하자는 거죠. 재클린은 지난해 대학원에서 들었던 수업 얘기를 꺼냈어요. 예상대로 케네디는 귀를 쫑긋했죠. 역사 강의에서 존 애덤스 전 대통령이 예시로 나왔는데, 그의 용기있는 결단 덕분에 미국이 프랑스와의 전쟁을 피할 수 있었다면서 몰랐던 역사적 사실을 배웠다고 했죠.

학 생   오호, 애덤스 대통령이 생산적인 일을 했네요!

상속자   케네디는 어느새 아픈 것도 잊어버리고 아내와의 대화에 몰입했어요. 마침 그도 초선 의원 시절 지역 경제를 위해 애를 써도 일이 뜻대로 풀리지 않을 때면, 밤새 애덤스 대통령의 사례를 뒤졌죠. 두 사람은 눈빛을 주고받았습니다. '아, 여기에 또 있다!' 책 속에서 상속자본을 구한 것이죠. 이전과 다른 점이라면 그 비밀을 공유했다는 점이에요.

학 생   공동 상속자네요! 선생님과 저도 공동 상속자가 될 수 있나요?

상속자   재클린 사회학은 간단해요. '가상의 친족fictive kins—
        hip⁵'에 기반을 두고 있죠. 이것만 이해하면 재클린의
        가르침을 전부 이해한 겁니다.

학 생   가상의 친족이 뭔가요?

상속자   먼저 혈연관계에 얽매이지 않는 것이죠. 비록 피가
        섞이지 않아도, 생물학적으로 남남이더라도 가족처
        럼 여길 수 있다. 가족을 만드는 것은 피로 이어진 육
        체가 아니다. 그것이 가상의 친족이죠. 재클린과 케
        네디는 다시 한번 역사 속에서 완벽한 타인이 남긴
        유산을 자신들의 것으로 만들었습니다. 거기선 누구
        의 핏줄일 필요도 없죠. 더 나아가 순수한 창작물이
        어도 상관없어요. 그 또한 인간의 상상과 감정이 담
        긴 것이니 말이죠.

학 생   상상의 친족도 괜찮다고요? 소설 속 등장인물을 가
        족으로 여겨도 되나요?

상속자   상상력은 현실의 제약을 뛰어넘습니다. 가상의 친
        족이 실제 혈육보다 위로를 주기도 해요. 그것이

---

5 인류학자와 사회학자 사이에서 쓰이는 말. 친족연구학자 데이비드 M. 슈나이더(David
M. Schneider)가 이 분야의 권위자로 알려져 있다. 가족사회학에서는 혈연과 결혼으로 구
성되지 않은 확장된 가족(extended family)의 한 형태로 보며, '선택한 친족(chosen kin)'
이라고 칭하기도 한다.

문학과 예술의 역할이기도 하죠. 가상의 친족이 남긴 유산은 무한대로 펼쳐집니다. 물려받을 수 있는 인원이 셀 수 없이 많아지죠.

학 생   실제 혈육이 불공평하다고 느끼지 않을까요?

상속자   재클린과 케네디는 자신들의 유산이 두 자녀의 것만이 아니길 바랐죠. 캐롤라인과 존 F. 케네디 주니어는 수많은 상속자를 위한 후견인, 또는 수호자가 되어 주기를 바랐어요.

학 생   수호자요?

상속자   가상의 친족을 보호하고 지키라는 겁니다. 과거 핏줄이 중요했던 건 수시로 목숨을 위협받았기 때문입니다. 인류의 과제는 오직 유전자를 남기는 것이었죠.

학 생   음, 유전자 보존이 제가 사는 유일한 목적이 아니라면 핏줄에 대한 인식이 달라질지도요. 선생님이 그러셨잖아요. '생각'에 따라 강물은 흐르기도 하고 멈추기도 한다고. 내 몸에 흐르는 피도 마찬가지겠죠!

상속자   그렇습니다.

학 생   하지만 이건 어떻게 생각하세요? 혈연의 힘을 여전히 유지하고 있는 세계적으로 막강한 가문들이요.

상속자   물론 자식에게 더 좋은 환경을 마련해 주고 싶은 건 인간의 본성입니다. 그런 가문에서 자란 자식들은 혈연의 힘을 백분 누리죠. 그러나 내 자식만 중요한 것은 다른 이야기입니다. 그것은 보호 본능이 아닌 이기심이죠. 그래서 재클린 사회학에서 가상의 친족의 개념이 중요한 겁니다. 상속의 본질은 타인을 구하는 것이니까.

학 생 상속의 본질이 타인을 구하는 것이라고요?

상속자 그렇습니다. 재클린 사회학은 타인을 지배하고 조종하기 위해 배워서는 안 되죠. 반드시 타인을 살리기 위해서 배워야만 그 가치가 빛납니다. 메스를 잡은 의사처럼. 날카롭고 예리한 칼은 사람을 살리기도, 죽이기도 합니다.

학 생 음, 그 말씀은 일리가 있어요. 하지만······.

상속자 하지만?

인간은 원점에서부터 미래를 열 수 있다

학 생 그럼 아까 들려주신 상속자본 말이에요, 재클린과 케네디가 찾았다던. 그건 뭐였는데요? 결국 자신들이 권력을 얻기 위한 수단으로 쓰지 않았나요? 만인의 우위에 서기 위한 칼이 아니었다고 장담하세요?

상속자   재클린과 케네디는 그 자리에서 아이디어를 구상했어요. 대세를 거스르고 자신의 신념을 지킨다는 것이 얼마나 용기 있는 일인지 사람들에게 알리고 싶었죠. 바로 재클린은 교수님께 전화를 걸어서 애덤스에 대해 더 배우고 싶다고 부탁드렸어요. 케네디는 비서를 국회도서관으로 보내 자료를 더 수집해 오게 했죠. 그렇게 공부한 내용을 모아 보니, '책 한 권은 될 수 있겠다'라는 결론에 이르렀어요.

학 생   책 한 권이요? 병석에서 책을 쓴다고요?

상속자   몸이 아픈 케네디에게도 다시 일어설 용기가 필요했던 거죠. 그는 원고를 쓰기 시작했어요. 역사에서 사라진 여덟 명의 무명 정치인을 소개하는 내용이었어요. 재클린은 원고의 탄생을 돕는 산파 역할을 맡았죠. 거동이 불편한 남편을 위해 자료 조사를 하고, 격려와 비평을 아끼지 않았어요. 최종 원고가 나오고 출판사에 보내기 직전까지 손에서 놓지 않고 읽어 보기까지 했으니까요.

학 생   그래서 원고의 행방은 어떻게 되었나요?

상속자 두 사람의 합작품은 『용기 있는 사람들Profiles in Cou-
rage』이 되어 그다음 해 베스트셀러가 되었고 권
위 있는 퓰리처상을 수상했죠. 독자들은 바보 같았
던 정치인들을 발굴한 케네디의 신작에 반응했습니
다. 정치 생명이 끝나더라도 사회적 대의를 위해 위
험을 무릅쓴 정치인들의 이야기는 '이타적일 용기'
를 불러일으켰죠. 케네디는 이 책 한 권으로 허리 부
상으로 인한 공백기를 단숨에 극복했고 일약 스타덤
에 올랐어요. 차기 대권주자로 주목받기 시작한 것
도 이 시점이죠. 그는 서문에서 아내의 존재감을 인
정했어요. "이 책은 재클린이 없었다면 시작조차 하
지 못했을 겁니다. 어둠의 시기, 처음부터 끝까지 함
께해 준 아내의 도움은 이루 말할 수 없습니다."

학 생 에이, 저 같으면 만족 못 해요. 노력은 다하고 공동저
자로 이름 한 줄 올리지 못했잖아요. 희생만 한 거죠!

상속자 그녀는 자신의 이름이 빛나는 것에 집착하지 않았습
니다. 대형 출판사와 접촉을 하고 계약을 성사시킨
것도 재클린의 몫이었죠. 하지만 그녀는 개의치 않
았어요. 출판사 편집자 일에 흥미를 느꼈기 때문이
죠. 워낙 남을 돕는 것을 좋아하는 성격이라, 작가의

창작을 돕고 응원하는 데서 기쁨을 누렸어요.

학 생   저더러 집착하지 말라는 거죠? 아무리 그래도…….

상속자   케네디의 부상으로 재클린은 이타적일 용기를 얻었
         습니다. 그녀도 우리와 다를 바 없이 평생 이기심과
         이타심 사이에서 갈등했지만, 대부분 이타심이 승리
         했죠.

학 생   ……이타심이라! 선생님, 땅따먹기 놀이 아세요?

상속자   그럼요. 우리 동네에서는 그 놀이를 사방치기^{Hops-}
         ^{cotch}라고 불렀죠. 과거 로마나 인도에서도 즐겼던 놀
         이라더군요. 굴러다니는 돌멩이만 있으면 되니 전 세
         계 어린이들이 하던 놀이죠. 우선 땅에 판 모양을 그
         어 놓고 번호를 매겨요. 맨 끝에는 '하늘'이 있죠. 규
         칙은 순서를 정해 판의 한 칸에 돌멩이를 던져 놓고,
         폴짝폴짝 외발뛰기로 뛰어 '하늘'을 찍고 돌멩이를
         가지고 오는 거죠. 모든 칸에서 성공하면 승리예요.

학 생   에이, 그건 제대로 된 땅따먹기라고 할 수 없죠!

상속자   그런가요?

학 생   저희 동네의 규칙은 간단해요. 가위바위보를 해서
         이긴 순서대로 먼저 공격을 하죠. 돌로 만든 '말'을
         가지고 손가락으로 세 번 팅겨서 자기 집으로 되돌

아오면, 말이 지나갔던 선 안이 자기 땅이 되는 거예요. 너무 세게 튕겨서 자기 집으로 되돌아오지 못하거나, 경계선 밖으로 말이 나가면 공격권이 상대방에게 넘어가죠.

상속자 뺏고 뺏기는 게임이군요.

학 생 이건 한마디로 정의하면 땅이 더 많은 사람이 이기는 싸움이에요. 자기 땅을 잘 지키면서 상대방의 땅을 서서히 파고들어 차지하는 거죠.

상속자 어릴 적 골목 놀이가 많은 것을 암시하네요.

학 생 현대 경쟁 사회와 다를 바 없죠. 남의 땅을 따먹는 순간 서로를 향한 날이 서고, 침묵 속에서 격렬해져요. 그러니까 제가 생각하는 '원점'이란 이런 거죠. 인간은 생존을 위해 이기적일 수밖에 없다.

상속자 이기적인 것이 인간 본성이다?

학 생 네. 그래서 저도 타인의 시선을 신경 쓰지 않고, '나'에게만 집중하려 해요. 부지런히 제 땅을 넓히면서. 평생 가질 수 없을지도 모르겠지만. 어머나, 방금 저의 이기심이 승리했군요.

상속자 그건 당신이 놀이의 본질을 더 깊게 보지 못해서입니다. 우리가 본질을 놓칠 때 이기심은 쉽게 승리하죠. 땅따먹기 놀이에서 땅의 넓힘과 소유는 그 놀이를 할 때뿐이에요. 한 판이 끝나면 이전의 소유는 사라지고 새로 시작하죠. 아이들 마음에 잡았던 소유욕은 '원점'으로 돌아갑니다.

학 생   선생님, 알려 주세요. 그 원점이란 무엇인가요?

상속자   원점이란 '인간성 회복'입니다. 당신이 이타심을 두려워하는 것은 살아남지 못할까 봐 두려워서죠. 하지만 아이들은 놀이를 통해 친구들과 문제를 해결하고 단합하는 법을 배우죠. 매 순간 이타적일 용기를 냅니다. 같은 팀에게 무관심하면 이길 수 없겠죠. 그래서 진실은 단순합니다. 잃어버린 인간성이 우리를 승리로 이끈다. 그 원점에 섰을 때, 그대는 미래를 열 수 있을 겁니다.

학 생   이타적일 용기를 내라고요? 두려워하지 말라고요?

상속자   그렇습니다. 그 원점에는 당신 혼자만 서 있지는 않을 겁니다. 거기서 다른 사람들과 손을 잡을 때, 그대의 시간은 비로소 흘러갈 거예요. 아직 오지 않은 시간, 미래를 향해서.

학생의 구원은 어디에 있는가? 답은 아직도 미지수였다. 혈연관계에 얽매이지 말라는 '가상의 친족'이란 새로운 개

넘. 재클린의 가르침은 누구의 핏줄일 필요도 없으며, 순수한 창작물에서도 상상의 친족을 발견할 수 있다고 말한다. 학생은 자신이 쥐고 있는 검에 대해 생각했다. 애초에 검을 휘두를 자격이 없던 것 아닌가? 타인을 살릴 수도, 죽일 수도 있는 칼이다. 철저히 자신의 안위만을 생각했던 스스로가 부끄러워졌다. 앞으로도 이기심이 승리하도록 내버려둘 것인가? 과연 이타적일 용기를 가질 수 있을 것인가? 학생의 피는 뜨거워졌다.

평등과 공정은 어떻게 다른가

학 생   케네디가 쓴 『용기 있는 사람들』 말이에요. 결국 그래서 재클린이 얻은 건 뭐죠?

상속자   대중의 사랑이요. 그것도 엄청난.

학 생   그게 어떤 사랑인데요?

상속자   케네디가 사람들과 친구들이 왁자하게 워싱턴에 입성하고부터 처음으로 정치가 대중들에게 재미있고, 개인적인 것이 되었어요.

학 생   정치가 재미있고 개인적일 수 있어요?

상속자   오랫동안 정치에 무관심했던 사람들마저 되돌아왔
죠. 대중은 케네디가 사람들, 특히 재클린을 좋아했
어요. 서른한 살에 영부인이 된 재클린의 젊음도 한
몫했죠. 사람들은 재클린이 더 큰 집에 살긴 하지만,
자신들과 다를 바 없다고 여겼어요. 그녀의 집이 항
상 자신들을 향해 열려 있음을 느꼈기 때문이죠. 재
클린의 정신은 모두를 동등하게 만들었습니다. 상속
자 정신은 높은 곳에도, 낮은 곳에도 있었죠. 낮은 곳
에 있는 사람도 들어 올리는 그녀를 보고, 사람들은
정말 정치에 관심을 기울인 겁니다. 그것은 '개인의
복귀'를 의미했죠.

학 생   개인의 복귀요?

상속자   그렇습니다. 사회로부터 멀어진 개인의 복귀였죠.
어떤 어머니는 케네디가 사람들에 관한 책이나 사진
같은 것을 사 모았어요. 그건 정치적 성향과는 상관
없었죠. 정치가 아닌 가족에 대한 애정을 표현하는
방법이었고, 딸의 눈에도 중차대한 일처럼 보였죠.
마치 대가족의 일원이 되는 의식 같았거든요.

학 생   대가족의 일원이라! 재미있는 의식인데요?

상속자   사람들은 비단 사회로부터만 멀어진 게 아니었던 거

죠. 가정으로부터 멀어졌던 사람들도 많았습니다. 그들은 케네디가 사람들이 나온 기사를 스크랩하고, 잡지 커버에 등장하면 다음에는 무슨 일이 벌어질까 기대했죠. 중고등학생들은 베이비 시터가 필요하다면 연락하라고 편지를 썼어요. 매주 9천 통의 편지가 선물과 함께 백악관에 도착했죠. 비서들은 대신 답장하느라 혼이 나갈 지경이었습니다.

학 생 음, 그녀의 이타적일 용기를 보고 사람들도 원점으로 돌아갈 용기를 얻었나 보군요! 그런데 선생님, 저는 두려움을 극복할 수 없을지도 몰라요. 제 이타심이 죽음을 선택하는 것 같아서요. 근데 전 살고 싶거든요. 이기적이어도 살아남을 거예요. 그리고 사회부적응자 같지만, 전 집단이 싫어요. 집단보다는 개인이 중요하다고 생각해요. 자유로움을 잃고 싶지 않아요. 학창시절부터 경쟁에 시달리다 보니 혼자 있는 것이 편한걸요. 선생님과 저의 전쟁터는 달라요. 선악을 구별하는 눈이 과연 제 미래를 열까요? 아니죠. 경쟁의 우위에 설 때 제 미래도 열릴 거예요. 이건 힘의 논리죠. 물리학처럼 단순해요. 제 영혼이 파괴될까 걱정하진 마세요. 공정한 경쟁을 통해 스스로 미래를 쟁취하겠어요! 선생님은 타고난 계층이라는 문제를 계속 다루시면서, 정작 공정한 경쟁을 통해 쟁취한 미래에 관해서는 아무 설명도 하지 않으셨어요. 그것은 책임 회피라고요!

상속자 그렇군요. 잘 몰라서 그러는데, 그대가 생각하는 공정한 경쟁이란 어떤 것이죠?

학 생 그야 기회가 평등해야죠. 절차는 공정해야 하고요. 그러면 기필코, 결과는 정의로울 거예요.

상속자 결과보다는 과정이 공정해야 한다, 이런 말이군요?

학 생 뭐, 당연한 거죠.

상속자 그럼 당신은 네메시스의 검을 뽑을 자격을 잃게 됩니다. 그리고 그 검의 날은 본인을 향하겠죠.

학 생 왜 그렇게 되나요? 전 가족의 우월함을 내세우지 않았는데요? 갑자기 말도 안 되는 전개예요! 전 반대로 그런 사람들에게 분노한다고요. 솔직히 전 '공정함'에 대해 남다른 감각을 가졌다고 생각해요. 평등한 조건과 동등한 기회를 박탈하는 차별은 정말 저를 화나게 한다고요.

상속자 좋아요. 공정하게 경쟁을 치렀다고 가정해 보죠. 승자와 패자가 갈렸어요. 능력 차이의 결과라 치죠. 그러면 결과에 따른 차별도 '공정'할까요?

학 생   그, 그리 단순한 문제는 아니겠지만, 정당한 노력과 능력의 결과라면요. 결과까지 평등해야 한다는 주장은 자유를 억압하는 거라고요.

상속자   그렇다면 그대의 능력은 스스로 얻은 것일까요, 아니면 주어지는 것일까요?

학 생   그야 제가 얻었죠. 오직 제 힘으로.

상속자   어떻게 확신하죠?

학 생   아이참, 부모의 재력이 없잖아요!

상속자   온전히 노력만 기울일 수 있는 환경은 왜 간과하죠? 부모님이 그대를 뒷바라지하지 않았어요? 교수님이나 친구들의 도움은? 하다못해 신의 개입이라도? 그대의 능력에 운과 노력의 비중이 각각 얼마나 있을 것 같아요?

학 생   하, 하지만 그건……!

상속자   과정이 공정하기만 하면 결과는 정의로울 것이다, 좋은 말이죠. 하지만 그건 다른 말로 과정의 공정성만 보장되면, 경쟁에 뒤처진 사람들 전부 '자신의 무능력에 대한 대가'를 치러야 한다는 말과 같아요. 어떤 차별과 무시도 쉽게 정당화되죠. 문제는 애초에 완벽하게 공정한 경쟁이란 존재하지 않는 다는 겁니다. '실제로는 공정하지 않은' 경쟁이 공정으로 둔갑한 경우를 보세요. 불공정한 판을 짜놓고 '너무나 공정하다는 믿음'만 심어 주는 것. 이것이 우리 앞에 설계된 공정의 모습이에요. 참고로 방금 그대가 보여 준 것은 '내 능력에 대한 과신'입니다.

학 생 제 능력에 대한 과신이라고요? 듣기만 해도 불편하네요. 흠, 그래서 뭘 어떻게 해야 하죠?

상속자 아주 간단해요. '내 능력에 대한 과신'은 버리고, '무능력한 사람들'을 바라보는 시선을 바꾸는 거죠.

학 생 어떻게요?

상속자 그들은 그저 운이 없었던 거죠. 언젠가 나도 '불운한 사람들' 중 하나가 될 수도 있고요. 운 앞에 겸손해지는 거예요.

학 생 ……그렇게 생각하면, 선생님이 지난번에 말씀하신 재클린의 사상은 '평등한 사상'이란 의미를 조금은 알 것 같아요. 저는 일이 풀리지 않아 '능력 없는 사람'이라고 조롱당하는 것에 대해 진지하게 생각해 본 적이 없어요.

상속자   당신과 나는 다른 전쟁터에 있지 않아요. 보이지 않던 것을 보게 되면 우리가 같은 싸움을 하고 있다는 것을 알 겁니다.

서로의 배경이 되는 꿈

학 생   선생님, 상속자 정신은 제게도 공정하고 평등한가요? 저에게 세상은 불공정하고 불평등했거든요.

상속자   물론입니다. 재클린의 사상은 인류에게 남긴 선물이에요.

학 생   인류 전체요?

상속자   네. 상속자 정신은 재클린의 말과 행동을 통해 미국은 물론이고 전 세계에 전파되었죠. 사람들은 새로운 그녀의 사상에 열광했습니다. 물론 여태껏 역사학자들은 대중이 오로지 재클린의 옷차림과 패션 센스에 반응한 것이라고 해석합니다. 만약 그게 사실이라면, 그녀의 명성이 이토록 오래 지속된 이유를 아무도 모른다는 겁니다. 나는 그것을 참고 보고만 있을 수는 없었죠. 재클린의 명성은 물려받는 것이 중요해진 사회에서 물려받지 못하는 사람들에게 힘을 실어 준 것에서 기원합니다. 당신처럼 불공평하고 불평등한 사회에 분노하는 사람들에게 힘이 되어 주었던 것이죠.

학 생 하긴, 그런 문제는 한 국가에 국한된 문제는 아니겠죠. 그래서 다른 나라 사람들도 반응을 했다고요?

상속자 감정 표현을 잘 하지 않기로 유명한 캐나다 사람들까지도, 콧대 높기로 유명한 프랑스 사람들까지도 사로잡았습니다. 케네디 부부가 공항으로 떠나기 전, 한 고위 인사는 미리 경고를 주었죠. 너무 큰 기대는 하지 말라고. 외국 정상에게 큰 반응을 보일 나라 사람들이 아니라고요. 매우 현실적인 충고였어요. 그런데 예상을 깨고, 재클린과 케네디가 탄 비행기가 땅을 밟기 무섭게 환영 인파가 몰려들었고 여기저기서 '재키! 재키!'라는 재클린의 애칭이 들렸죠.

학 생 사람들은 자신에게 힘을 실어 주는 사람을 좋아할 수밖에 없죠! 그리고 저도 좋아하는 사람이 생기면 자다가도 벌떡 일어나서 보러 갈 거예요.

상속자 아, 학생들도 상속자 정신을 물려받을 수 있죠. 사상을 새롭게 받아들이는 것은 나이를 가리지 않습니다. 한 스페인 학생은 재클린이 나온 잡지는 샅샅이 찾아 모두 샀어요. 그녀의 사진을 오려 내어 간직하는 것만으로도 행복감에 젖었죠. 평등하고 공정한 세상을 소유한 기분이 들었기 때문입니다. 한 번도 받아 보지 못한 사랑을 받았기에 대중은 재클린을 사랑한 겁니다. 그녀의 영광은 타인을 이롭게 한 것에서 기원했죠.

학 생 　좋습니다! 평등하고 공정한 세상은 누구나 한 번쯤은 꿈꾸죠……. 그런데 선생님, 선생님은 경쟁에 시달려 본 적이 있으세요?

상속자 　그럼요. 치열하게 경쟁했고, 극심한 스트레스에 시달려 봤죠.

학 생 　그럼 절 이해하시겠네요! 저는 '모든 고민은 타고난 운명에서 비롯된 고민이다'라 생각하고, 선생님도 동의하셨어요. 뒤집어 말하면 새로운 미래 또한 타고난 운이라고 할 수 있겠죠. 하지만 아직 납득되지 않는 부분이 있어요. 과연 새로운 미래가 단순히 '인간성 회복'에 달려 있다는 건가요? 즉, 우리의 앞날이 그런 안일한 사고방식이나 낭만에 의해 좌우된다는 말인가요?

상속자 뭘 문제 삼고자 하는지 알겠습니다. 내가 처음 재클
린 사회학을 발견한 건 중학교 3학년 때였죠. 학교에
서는 따돌림을 당하고, 가정에서는 부모님과의 잦은
다툼으로 인생이 너무 힘들다고 느꼈어요. 그때 나
에게 돌파구는 기숙사가 있는 고등학교에 진학하는
것밖에 없어 보였죠. 그래서 죽어라 공부했는데 뜻
대로 안 되더군요. 이것이 나의 타고난 운명인가, 참
지옥 같았죠. 그러던 찰나, 학교 도서관에서 재클린
을 발견한 겁니다. 그녀의 일대기를 다룬 책 안에 여
태껏 보지 못했던 것이 담겨 있었죠.

학 생 뭐가 담겨 있었는데요?

상속자 새로운 미래요. 가만 생각해 보면 내가 두려웠던 것
은 현재가 아니었어요. 지금 이 상태가 계속될까 봐
두려웠던 것이죠. 모든 것이 이대로 변하지 않으면
어떡하지. 영원히 반복되면 난 어떡하지. 그렇게 내
운명을 미워하며 세상을 미워하고 있었습니다. 돈이
유일하게 나를 보호해 줄 거라고 굳게 믿고. 그래서
돈이 많아지기를 매일 바랐죠. 그런데 재클린 사회
학은 내게 이런 질문을 던졌습니다. '이 모든 것이
신의 계획일 수도 있다'라는 것이죠.

학 생   선생님과 재클린 사상의 만남은 위화감에서 비롯되
        었네요?

상속자   그래요.

학 생   그럼 물을게요. 선생님은 스스로의 운명을 바꿨나
        요?

상속자   물론이죠.

학 생   어떻게 그리 확신하세요?

상속자   거짓된 가르침을 구별하는 눈이 생겼기 때문입니다.
        세상이 어지러울수록 엉터리 스승들, 스스로 선생이
        라 칭하는 자들이 많이 등장하죠. 거짓된 가르침은
        오로지 돈만 사랑하며, 돈 이외에는 사랑하지 말라
        고 가르치죠. 정작 사람들은 나 자신만을 구원하기
        위해 서로 멀어집니다. 그러나 재클린 사회학은 일
        관성 있게 '꿈꾸는 습관'에 대해 설파하죠.

학 생   꿈꾸는 습관이요? ……아, 전에 나중에 설명하겠다
        던 그거로군요.

상속자   생각해 보면 나는 돈 때문에 고통받았던 것이 아니
        라 사람 때문에 고통받았습니다. 인간관계에서 겪는
        어려움을 돈이 해결해 줄 것이라는 환상을 가졌던
        것이죠. 더 나아가 막강한 배경만 생긴다면 아무도

나를 괴롭히거나 함부로 대하지 못할 것이라는 환상
에 젖어 있었어요. 남들보다 우위에 있을 수 있다면
그곳이 곧 천국이겠다. 그런 우월감은 자극적인 만
족감을 주죠.

학 생　선생님께서는 꿈이 없는 상태를 만들지 않는 것이
꿈꾸는 습관이라 하셨어요. 꿈의 공백기를 없애는
거라고요. 그런데 방금 말씀하신 건 복수에 가까운
데요?

상속자　복수를 꿈으로 전환하는 것까지가 오늘 우리 대화의
완성입니다. 인간이 서로의 배경이 되는 꿈을 꾸
는 것. 그것이 거룩한 복수의 끝에 남아 있는 우리
의 마지막 과제인 겁니다.

학 생　잠깐만요! 그렇다면 선생님이 생각하는 새로운 미래
란…….

상속자　새로운 미래는 여기에 있습니다. 꿈꾸는 습관. 그 꿈
은 계층을 상승하는 데 있지 않고, 계층에 상관없는
서로의 구원에 있죠. 나의 환경에서 벗어나 타인의
든든한 배경이자 후광이 되어 주는 것. 그런 인간성
을 회복할 때 '결국 살아남을 자격'도 생기는 겁니다.

다시 태어나는 그날

학 생 그래도 재클린은 좋았겠어요. 프랑스에서 인기도 많아지고, 유명 인사가 되었잖아요. 이름만 들어도 누구나 아는 큰 명성도 생기고요. 제가 재벌가 상속자로 다시 태어나는 걸 상상해 봤다고 말씀드린 것 기억나시죠? 누구나 알아보는 셀럽이 되면 구름 위를 걷는 기분일 거라고요. 죄송해요. 제가 아직 저의 운명을 증오하나 봐요. 아니면 인간이 덜 됐든지요. 나약한 인간이라 힘이 더 센 세력에 의지하고 싶을지도 몰라요.

상속자 하하, 이해해요. 재클린과 대중 사이에는 사랑과 강한 유대감이 흘렀어요. 어딜 가도 그녀의 이름을 모르는 사람이 없었죠. 그런데 분명 낭만적인 분위기의 백악관이었건만 비극적인 사건이 전운을 드리고 있었죠.

학 생 허, 왜 불길한 얘기를 하고 그러세요.

상속자 1963년 11월 22일 아침, 엄청난 비극이 온 나라를 강타했어요. 미국 남부의 도시 텍사스 댈러스에서 운명의 총성이 울린 직후, 모든 것이 뒤바뀌었죠. 케네

307

디 대통령이 저격당했고, 그 자리에서 즉사했어요. 그의 나이 46세였죠. 옆 좌석에 앉아 있던 재클린은 피투성이가 되었고 미국은 대통령 암살이라는 사상 초유의 사태로 공포의 도가니에 빠졌죠. 이틀 뒤에 수백만 명의 시청자들이 지켜보는 가운데 암살 용의자마저 총을 맞고 싸늘한 시체가 되자, 전세계가 경악했고 병적인 흥분 상태와 음모론이 여기저기서 들끓었어요.

학 생   ……그런 끔찍한 일이 있었던 줄은 몰랐어요.

상속자   하늘이 무너지는 듯한 고통과 괴로움 속에서도 재클린은 전 세계 명사의 장례식을 자세하게 소개한 역사책을 밤새 읽었어요.

학 생   네? 정신을 잃고 쓰러지거나 통곡을 해도 모자랄 판에 책을 읽고 있었다고요?

상속자   시간이 별로 없었거든요. 국장을 치르고 나면 백악관을 즉시 비워 줘야 했죠. 암살 직후 부통령 린든 존슨이 남은 임기를 승계했으니, 재클린이 그렇게 공들여 복원한 백악관은 이제 남의 집이 되었어요.

학 생   그래도, 그래도 그렇지……. 정신적 충격이 엄청날 텐데요.

상속자　책을 한참 들여다보던 재클린은 문득 깨달았어요. 지금 읽고 있는 책에서 앞으로 벌어질 일들에 대한 답을 찾을 수 없다는 것을요. 방을 뒤지고 그녀가 손에 쥔 것은 다름아닌…….

학 생　안내 책자? 설마 본인이 직접 만든 그 지침서요?

상속자　맞아요. 본문을 편집하고 사진 자료를 선택하고 전체적인 레이아웃을 잡는 것까지 편집 절차에 훤했던 재클린이 진두지휘한 안내서죠. 그 안에는 마치 미래를 위해 준비라도 하듯, 링컨에 대해 자세히 쓰여져 있었어요. 링컨은 케네디와 마찬가지로 암살당했죠. 자신이 쓴 텍스트를 물끄러미 바라본 순간, 재클린은 다시 한번 각성했어요.

학 생　무엇을요?

상속자　이게 마지막 상속자본이라는 것이요. 자신이 찾을 수 있는.

학 생　마지막이라면?

상속자　그녀가 더 이상 상속자가 아니었기 때문이죠. 재클린의 전부였던 남편이 세상을 떠남과 동시에, 그녀는 '피상속자'가 되었어요. 죽음을 통해서 다시 태어난 거죠. 피상속자로.

학 생 피상속자라……. 상속자가 '물려받는 자'라면, 피상
속자는 '물려주는 자'라는 의미이신가요?

상속자 그래요.

학 생 흠, 젊은 나이에 죽음이라니, 그것도 암살이라니 마
음이 무겁네요. 하지만 말이에요, 첫날 말씀드렸죠.
죽고 싶은 제 심정을요. 이번 생은 '망했다'고 느끼
는 젊은이들을 대변해서요.

상속자 그래요, 처음 와서 내게 말했죠. 그 말이 꼭 "저 좀 살
려 주세요"로 들렸어요.

학 생 그냥 망한 게 아니라 폭삭 망한 심정이었어요!

상속자 하하. 과연 망한다는 게 뭐길래 그런 극단적인 느낌
이 드는 걸까요? 예를 들어 '사망死亡'은 죽은 직후부
터 장례를 이르기 전까지의 상태를 말해요. 이때는
죽은 사람을 '사자死者'라고 하죠. 그리고 장례를 치
른 이후의 존재를 '망자亡者'라고 해요. 망자가 되면
더 이상 죽은 '사람'도 아니게 되죠.

학 생 사람도 아니면 대체 뭔데요?

상속자 영혼이 하늘로 떠난, 이 세상에서 그 존재가 완전히
사라진 거예요. 그게 망자죠.

학 생 그렇다면 망한다는 말은, 아무 자취도 없이 없어진

것을 가리키는 거네요?

상속자   그렇죠. 반대로 망했다는 감정은 '이번 생에 내 흔적을 남기지 못할까 봐 두렵다'는 의미가 내포되어 있기도 해요.

학 생   재클린 여사님은 그럴 걱정이 없어 좋겠어요. 흔적도 없이 사라질 먼지 같은 일반인에 비해 훨씬 나은 인생이죠. 원하던 대로 역사에 남았고, 그녀의 유산은 후대에 와서도 계속해서 남아 있으니 말이에요.

상속자   그런 의미에서 재클린 사회학의 입장은 '기다림'의 미학이죠.

학 생   예? 그녀가 기다린 것이 무엇인데요?

상속자   다시 태어나는 '그날'이죠.

학 생   ……그날이라 하시면?

상속자   재클린은 베일에 싸인 사생활 때문에 수많은 억측과 오해를 샀어요. 생전에 자신의 견해를 적극적으로 밝히지 않아 신비감이 있었죠. 그러나 오랜 세월이 흘러 자신이 죽고 난 뒤에도 누군가는 진심과 깊이 있는 사상을 알려 주기를 원했어요.

학 생   선대의 유산을 이어받은 선생님과 저, 우리의 손끝에 따라 가르침이 바뀌고 재해석되기를 기다렸다?

상속자   지금 이 순간, 오늘 우리의 손끝에서 그녀가 다시 태
        어나는 거예요.

다시 태어나는 그날. 이 얼마나 떨림을 주는 말인가! 죽음
은 끝이 아니며, 다시 태어나는 그날을 위한 전주곡이다. 재
클린 일생의 사랑이었던 케네디는 그녀의 품 안에서 비극적
인 운명을 맞이했다. 그러나 그녀는 살아남았고, 살아서 그
를 기억한다. 그리고 자신들의 역사를 다시 써 내려갔다. 케
네디는 그녀의 언어로 재탄생했다. 그리고 그 사상은 지금
까지도 찬란히 빛난다. 학생은 깊게 숨을 들이마셨다. 방 안
의 공기가 동트기 전 새벽처럼 차게 느껴졌다. 이것은 생에
대한 의지일까. 아직 확인할 것이 남아 있다.

타인의 운명을 사랑하라

학 생   케네디 죽음 후 재클린은 뭘 했나요?
상속자   국장이 끝나고, 재클린은 글 잘 쓰고 역사 의식이 있
        는 '작가 군단'을 꾸렸어요. 대부분 기자 출신이었는
        데 녹음기를 앞에 두고 몇 시간씩 그들과 인터뷰하

고 이를 출간하도록 장려했죠. 다들 얼마나 열성을 다했는지 어떤 날은 1,200쪽에 달하는 원고가 나오기도 했어요. 재클린은 작가 군단과 머리를 맞대고 수없이 원고를 수정하면서 후대를 위한 유산을 남겼죠.

학 생   작가 군단이라, 흥미로운데요.

상속자   그녀는 믿었습니다. 평상시 책을 싫어하는 사람이더라도, 자신과 관련된 이야기를 읽는 것은 늘 흥미로울 거라고요. 자신이 상속자로 태어났다는 비밀을 알려 주는 책이라면 도서관 서가에 먼지가 쌓여 있어도 반드시 찾아 읽을 거라고 믿었죠.

학 생   하하. 제겐 선생님이 그 책이네요. 매번 대화에 빨려 들어 시간 가는 줄 몰랐거든요!

상속자   나는 이것이 정의와 공정을 실현하는 일이라 굳게 믿습니다. 차별과 폭력으로 가득한 세상에서 다음 세대가 스스로 파괴하지 않도록 막고 싶어요. 재클린과 케네디가 과거로 돌아가 구한 상속자본으로 미래를 바꾼 것처럼, 모국에서 상속자본을 찾을 수 없다면 타국의 역사에서라도 알아보기를 원해요. 그래서 사람들이 자신을 위해 오래전부터 준비된 유산을 찾아가기를 바라죠. 그게 타고난 계층으로 박탈당한

사람들의 권리를 되찾아주는 신성한 의무라고 여깁
니다.

학생 곳곳에 숨겨 두었으니 찾아 나서기만 하면 되는 거
군요! 모국이든 타국이든 관계없이요.

상속자 그렇죠. 백악관을 떠난 뒤 세월이 흘러 출판사의 '비
밀 병기'로 불리며 베스트셀러 편집자로 변신한 재
클린을 떠올리면 그리 놀라운 일도 아니었어요. 책
한 권 한 권에서 미래의 학생들이 영웅성을 회복할
수 있도록 무척 신경 썼죠. 만약 저자가 원문을 몇 군
데 고집한다면 그 의견을 존중했어요. 다만 여러 상
황을 고려했을 때 당장 공개가 불가능한 내용은 밀
봉을 했죠.

학생 밀봉을 했다고요? 어디에 숨겨 뒀나요?

상속자 금고에 보관해 두었죠. 대신 이 비밀 문서들은 일정
기간이 지나면 공개하도록 유서에 썼죠. 역사 앞에
영원한 비밀은 없다는 것을 그녀는 알았습니다. 그
리고 자신의 비밀이 공개되어도 후세에게 이롭다면
감수할 수 있었죠.

학생 와! 좋아요. 그런데 한 가지 문제가 있어요. 전 '그
날'을 기다리기가 힘들거든요. 전 인내심이 부족해

요! 아니, 저뿐만 아니라 많은 사람들이 인내심을 잃어 가고 있어요. 왜인지 아세요? 아무리 봐도 계층 간의 갈등은 시간이 갈수록 더 심해질 거거든요. 우리 모두 참을성이 부족해지고 있어요.

상속자　그런가요?

학　생　당연하죠! 선생님은 수저계급론을 부정하시면서 격차를 바라보는 것을 부정하셨어요. 아시겠어요? 계층 따윈 존재하지 않는다, 집안 배경에는 의미가 없다고 말이지요. 그 점은 인정해요. 확실히 타고난 계층은 변하지 않아요. 변할 수 있는 건 미래밖에 없겠죠. 하지만 지금 기다림의 미학을 설명하시면서 신분 상승 욕구를 부정하고, 결국엔 나의 노력과 능력으로 미래를 바꾸는 것조차 부정하고 있어요. 선생님은 되돌아보는 것을 부정하면서 앞을 내다보는 것까지 부정하고 있어요. 인간의 따뜻한 온정에 호소하라면서요! 그건 마치 내 운명을 타인의 손에 맡기는 것이나 다름없다고요!

상속자　앞으로도 뒤로도 가지 말라는 의미로 들렸어요?

학　생　결국 제자리에 있으라는 거잖아요!

상속자　당연한 것 아닌가요. 대체 뭐가 문제라는 거죠?

학 생 무슨 말씀이세요?

상속자 '원점'을 잃어버렸으니 되찾는 거 말이에요. 혹시 '아모르 파티amor fati'라는 말을 들어봤어요?

학 생 아모르 파티요?

상속자 재클린 사회학의 입장은 '아모르 파티'에 입각한 발상이자 상당히 그 궤를 같이 하죠. 독일 철학자 니체의 인생관인데, '운명을 사랑하라'는 뜻이에요. 니체는 이렇게 말했어요. "인간의 위대함을 위한 나의 공식은 아모르 파티다." 인간이 다른 것이 되기를 원하지 않는 것. 앞으로도, 뒤로도, 전부 영원히. 필연적인 것은 그저 견뎌내는 것이 아니며, 감추는 것은 더더욱 아니라, 오히려 '사랑'하는 것에 있다고 보았죠.

학 생 에이, 말도 안 돼! 그런 엉터리가 어디 있어요?

상속자 어떤 부분이 엉터리죠?

학 생 어른들한테서 많이 들어 본 아주 그럴싸한 위로라고요. "그게 네 팔자소관이니 받아들여라" "네가 못나게 태어났으니 이대로 살아야지" 결국 운명에 굴복하거나, 체념하고 순응하라는 값싼 위로에 불과해요.

상속자 그리 값싼 위로는 아니에요. 그리스로마 사상의 계승자였던 니체는 사랑의 신 '아모르amor'와 운명의 신 '파티^{fati}'를 결합했어요. 다시 말해 '아모르 파티'라는 라틴어 문구는 각기 다른 두 신을 얄궂게도 합쳐 놓은 거죠.

학 생 　오호라. 사랑의 신 아모르와 운명의 신의 동거군요? 그래서요?

상속자 　아모르 신은 늘 화살통에 황금 화살과 납 화살을 지니고 있었어요. 그는 황금 화살을 맞은 사람은 미친 듯이 사랑하게 만들고, 반대로 납 화살을 맞은 사람은 미친 듯이 증오하게 만들었죠. 여기에 운명의 신이 가세했으니 결국 니체가 삼은 철학은 인간은 자신의 운명을 미친 듯이 사랑해야 한다는 거죠. 증오하는 게 아니라. 미친 듯이. 남녀의 사랑이 생명을 탄생시키듯 자신의 운명에 대한 사랑이 불붙을 때에만 인간의 창조성을 발휘할 수 있다는 의미예요.

학 생 　뭐, 멋있긴 하네요. 그런데 그게 인간성 회복이라는 '원점'과는 무슨 상관이죠?

상속자 　재클린 사상은 더 나아가 타인의 운명에 대해서도 같은 입장을 취하죠.

학 생 　같은 입장이라면…… 타인의 운명을 사랑하라?

상속자 　그렇죠. 인간은 제각기 이유로 운명의 '어쩔 수 없음'으로 괴로워하고 고통스러워하죠. 동시에 이는 자신의 운명을 사랑하고자 몸부림치는 것이기도 해요. 이제 알겠어요? 운명을 바꾸는 것 다름아닌 '사랑'이라는 적극적인 행위에 있다는 걸요. 타인의 '어쩔 수 없음'마저 사랑하는 것. 그건 남의 손에 내 운명을 맡기는 게 아니라, 그대와 내가 속한 우리 '사회' 전체를 바꾸는 엄청난 일이죠.

학 생　에이, 그건 어차피 안 돼요. 이미 차가울 대로 차가워진, 냉랭하기 이를 데 없는 무정한 마음들이 그리 쉽게 움직이겠어요?

상속자　원점을 '집'이라고 해석해 봐요. 집을 떠나 버린 이들이 언젠가 다시 돌아오지 않겠어요? 대문 앞에 서성이듯, 한번 기다려 보는 거죠. 의외로 기다림은 적극적이고 강렬한 것이거든요.

학 생　기다림이란 적극적이고 강렬한 것이다?

멀리 갔다가도 '뚜벅뚜벅' 돌아오라

상속자　케네디가 죽고, 그의 유산을 영원히 보존하는 데 매

달린 재클린은 잠시나마 이성을 잃지 않을 수 있었죠. 하지만 이 작업이 끝나자마자 트라우마에 시달렸어요. 극심한 우울증으로 매일 눈물을 흘리고, 또 암살 시도가 있을지도 모른다는 공포와 두려움을 느꼈죠. 자살 충동을 멈추려고 신부님께 편지를 쓰며 버텼어요.

학 생   아, 편지! 편지가 다시 등장했군요.

상속자   국가적 위기 앞에서도 의연한 재클린의 용기를 보고 동요하던 국민들은 안정을 찾았어요. 그리고 혈육이나 다름없었던 그녀와 아이들을 진심으로 걱정했죠. 전국에서 80만 통이 넘는 편지가 재클린 앞으로 도착했어요. 열 살 소녀는 이렇게 위로를 건넸죠. "재클린 여사님 우리 집으로 편히 쉬러 오세요." 어떤 소년은 이 비극에 자신의 책임을 느꼈어요. "제 잘못도 있는 것 같아요. 역사 시험에서 C를 받았거든요. 이제부터는 저도 국가를 위해 무언가 해야 한다고 느껴요. 다음 학기에는 꼭 A를 받겠다고 약속할게요."

학 생   국민의 순수한 사랑이 제게도 느껴져요. 아이들마저 사회로 '복귀'하려 하네요!

상속자   편지는 재클린과 대중을 하나로 묶어 주었어요. 견딜 수 없을 때마다 재클린은 편지를 일일이 읽었고, 어둡고 긴 터널을 지나올 수 있었죠.

학 생 ……재클린의 구원이 그곳에 있었군요. '내'가 아닌 '타인'에게요.

상속자 이제 알겠어요? 당신의 구원은 자신에게 있지 않다는 걸. 우리는 서로를 구해야 합니다. 그리고 '변하지 않는 사회'에서는 당신도 '이미 정해진 삶'을 살겠죠. 당신의 운명이 바뀌는 순간은 '변화하는 사회'에서만 가능해요. 그리고 생각보다 저밖에 많은 사람들은 공정과 정의를 갈망합니다. 모두 '나'를 버릴 때 가질 수 있죠. 나의 운명은 타인의 손을 잡을 때만 바뀔 수 있어요. 당신과 내가 '나'를 버리고 사회로 복귀할 때, 개개인의 운명도 변하는 겁니다. 바로 그거죠.

학 생 ……아!

상속자 자, 이제 '원점'으로 뚜벅뚜벅 다시 돌아와요. 두려워 말고 거기서부터 새로 시작하는 거예요.

학 생 재클린 사회학과 선생님의 사상은 분명 저를 달라지게 만들 거예요. 저는 '운명은 바뀌지 않는다'는 결심을 포기하고 저의 운명을 사랑하게 될지도 모르겠어요……. 그래도, 그래도 마지막으로 한 가지만 더 물을게요.

상속자 물어봐요.

학 생 '원점'은 출발점이잖아요. 근본이 되는 점 같은 거요. 선생님이 돌아오라는 원점은 결국 제가 태어난 가정으로 돌아가라는 건가요? 혈연관계라는 운명처럼 저를 고통스럽게 하는 것도 없었죠. 그마저도 사랑해야 하나요?

상속자 언제부터 고통스러웠죠?

학 생 가족이란 이름으로 들어가면 선이 지켜지지 않을 때부터요. 거기엔 간섭과 참견만 존재하죠. 가족이 최고의 스트레스랄까요. 타인이 지옥이 아니라, 가족이 지옥인 거죠. '그래도 가족인데'라는 말은 족쇄일 뿐이죠. 그래서 수저계급론은 '돈'보다 '가족'에 대한 사람들의 아픔을 후벼 파는 데가 있어요. 거기엔 우월한 가족과 열등한 가족에 대한 암시가 짙어요. 가족끼리 꼭 행복하거나 사랑하지 않아도 돼죠. 적어도 서로를 보호하고 도움을 주고받는다, 그런 암시만으로도 충분히 아프게 해요. 각박한 세상에서 가족이란 안전장치 없이 내몰린 사람들은 쓴웃음을 짓고, 다시 생존을 위한 경쟁에 뛰어들 수밖에 없죠. "그래. 돈이 유일한 가족이다. 내가 다시 돌아갈 곳은 여기다." 이런 비정한 마음으로요. 악의에 찰 수밖에 없죠. 그런데 원점으로 다시 돌아오라뇨?

상속자   그럼에도 불구하고 원점으로 돌아와야 하죠. 나는 지금까지 상속자 정신의 비밀이라는 말을 여러 번 했어요. 이제 상속자 정신의 마지막 비밀을 말해 주겠습니다.

학 생   제게 가르침을 주세요.

상속자   상속자 정신의 마지막 비밀, 그것은 '가족애를 확장하라'는 것입니다.

학 생   가족애를 확장하다니요?

상속자   수저계급론의 본질이 돈보다 가족에 있다는 건 훌륭한 통찰이에요. 동의합니다. 가족은 가장 특별한 관계죠. 아무런 조건 없이 사랑하고 내준다는 점이 그래요. 물론 그렇지 못한 가족들도 있을 겁니다. 그래서 많은 사람들의 '믿음'이 혈연관계 앞에서 무너지죠. 여기서 믿음이란 상속자 정신의 핵심, 누구나 상속자로 태어났다는 거예요. 물려주고 받는 것을 경험해 본 적이 없으니 믿을 수가 없죠. 그런데 여기서 가족애를 확장해 보세요. 당신의 가족 구성원이 훨씬 넓고 많아질 거예요. 반드시 혈육이 아니더라도 가족으로 받아들일 수 있죠.

학 생 그 말씀은 기존의 가족을 버리란 말씀인가요? 아무리 제가 가족으로 괴롭다지만 그건 너무 패륜아 같잖아요! 그거야말로 인간성을 저버리라고 권장하는 거 아니에요?

상속자 버리란 게 아니에요. 확장하라는 거죠. 이건 가족의 개념을 재정립하는 것입니다. 상속자 정신을 따르는 사람이라면 새로운 가족 구성원인 거죠. 그게 '원점'입니다.

학 생 혈육에 얽매이지 않는 가족……?

상속자 재클린 사회학이 제시한 '역사의 후계자'를 생각해 봐요. 가정은 인간이 태어나서 처음 맞닥뜨리는 사회 집단입니다. 동시에 사회를 구성하는 최소한의 단위이죠.

학 생 네, 가정은 최소한의 단위일 뿐이니, 그 가정이 포함되어 있는 사회를 생각하라고 말씀하셨죠. 그 사회가 물려준 찬란한 유산을 이어받으라고요.

상속자 가족애를 확장하는 것도 결국 같은 선상입니다. 가

족애를 확장했을 때, 세상과 그대와의 관계는 근본
적인 변화를 맞이할 겁니다. 우연에 불과하지만 가
장 강하고 견고하며 절대로 끊어 놓을 수 없는 관계,
바로 혈연관계와 똑같은 관계를 맺는 것이니까요.
이것이 곧 새로운 가족의 탄생입니다.

학 생   ······그럴까요? 저는, 저는 선생님의 말씀을 믿고 싶
어요.

상속자   믿어요. 나를 믿지 말고, 나보다 우위에 있는 이 사상
을 믿어요. 당신은 방황하고 있어요. 왜 방황하는 걸
까요? 그건 그대가 타고난 운명으로부터 '진정한 자
유'를 얻고자 했기 때문입니다. 다시 말해 혈연관계
에 구애받지 않는, 경제적 자유보다 더 완전한, 가족
애가 세워 준 상속자의 삶을.

학 생   그거예요! 저는 자유로워지고 싶고, 새 사람으로 거
듭나고 싶습니다!

상속자   나는 어린 시절부터 재클린의 사상과 함께 지내오면
서 한 가지 깨달은 것이 있어요.

학 생   뭔데요?

상속자   새 삶은 '마음을 돌리는 것'부터 시작된다는 점이죠.

학 생   무슨 뜻이죠?

상속자 수저계급론에서 상속자 정신으로 얼굴을 완전히 돌린다. 악을 버리고 선을 향한다. 재클린 사회학을 배우고 나면 그대가 잃어버린 것을 새로이 회복하는 삶으로 방향을 돌리게 될 겁니다. 그건 다른 말로 원래 있어야 할 원점이 있다는 뜻이기도 하죠. 당신이 그곳을 향해 돌아가야 하는 거고.

학 생 그래서 제게 그런 '원점'으로 돌아오라고요? 멀리 갔다가도……?

상속자 억지로 서둘러 돌아올 필요는 없어요. 단지.

학 생 ……뚜벅뚜벅.

상속자 묵묵히 뚜벅뚜벅, 원점에서부터 미래를 여는 거죠.

학 생 원점에 서면 무엇이 보이나요?

상속자 무엇이 선이고, 무엇이 악인지 보입니다. 악은 불평등과 차별, 폭력을 퍼뜨리는 데 성실합니다. 그렇게 사람들 사이를 멀어지게 하고 분열시키죠. 하지만 우리 사회에 퍼져 가는 악에 대적하는 것은 '자신의 구원이 먼저인 나' 혼자서는 할 수 없어요. 우리는 악보다 성실해야죠. 그래서 옆에 있는 사람과 손을 잡아야 하고, '연대'해야 하는 겁니다.

학 생 ……아, 이제야 고백하겠어요! 저는 세상에서의 성공을 향한 열정과 집념으로 가득 차 있었어요. 경쟁에서 승리해 우월해지고 싶은 욕망도 강했죠. 그러나 제 욕망대로 움직여 주지 않는 현실에 분노했어요. 그로 인해 수저계급론과 손을 잡고, 자리를 내주며, 결국 그 차별적 신념에 동의하고, 그것에 삶을 바치게 되었어요.

상속자　그래요, 그럴지도 모르지요.

학　생　그 사상을 운명으로 받아들이는 어이없는 실수를 저지를 뻔했고요.

상속자　운명을 증오하면서 살았겠죠.

학　생　……무엇을 계승할 것인지에 대해 고민해 보라는 말씀, 이제 이해했어요. 사상이라는 것이 단순히 마음을 바꾸는 것만을 의미하지 않는 것 같거든요. 제 인격이, 영혼이 재적응하느라 뒤흔들리고 있달까요.

상속자　그 변화는 궁극적으로 '선'을 향한 재적응일 거예요.

학　생　그 선은 어디에 있나요?

상속자　서로의 구원에 있죠.

학　생　……서로의 구원!

상속자　자, 지금부터 내 말 잘 들어요. 이 순간부터 내가 그대를 다른 사람들에게 보냅니다. 그들에게 가서 자신이 상속자임을 알려 줘요. 잘할 수 있을 거예요.

학 생   네? 저를요? 왜요?

상속자   나 또한 가르침을 전달하기 위해 보냄을 받은 자에
불과하니까요. 그럼 나의 숙명적 과제를 여기서 마
치도록 하겠어요.

학 생   ……네! 임무를 완수하겠습니다!

　대답을 마치고 나온 학생의 눈빛은 달라져 있었다. 어느덧
황금빛 구름이 넘실거리는 저녁이 되었다. 집으로 향하는
길도 보통 때와는 달라 보였다. 저 멀리서 신화 속 영웅들이
원정을 떠날 때 울리는 뱃고동이 들리는 듯했다. 나는 더 이
상 평범한 학생이 아니다. 다시 태어난 기분이란 이런 것일
까. 학생은 잊지 않으려는 듯 멈추어서 낮은 목소리로 속삭
였다. 운명은 나를 사랑하며, 나도 운명을 사랑한다고.

"살아가는 매 순간은 서로 다릅니다.
좋은 일, 나쁜 일, 어려움, 기쁨, 비극, 사랑, 행복은
모두 하나의 말로 표현할 수 없는 전체로 얽혀 있는데,
이것을 인생이라 부릅니다.
좋은 것과 나쁜 것을 떼어낼 수는 없습니다.
어쩌면 그럴 필요도 없을지 모릅니다."

– 재클린 케네디 오나시스

서른에 읽는 재클린의 가르침

다시 태어나고 싶은 당신을 위한 지적인 대화

초판 1쇄 발행 2024년 12월 2일

지은이 | 임하연
펴낸이 | 임하연

책임편집 | 한우주
디자인 | Design co*kkiri
일러스트 | Cooing around
펴낸곳 | ㈜블레어하우스

출판등록 2024년 4월 16일 제 2024-000034호
주소 서울시 용산구 장문로 27 3동 1002호
전화 010-4855-7367
이메일 hayeon@blairhouse.co.kr

ISBN 979-11-989785-0-9 03330